えほんで楽しむ
英語の世界

リーパー・すみ子

一声社

CONTENTS

はじめに　英語が苦手、発音が悪いことなど気にしない ································ 4

第1章　英語の絵本をこんなふうに読み聞かせよう ································ 7

　Ⅰ．繰り返しを楽しもう　(pattern books) ································ 12
　Ⅱ．次はどうなる？―推測しよう　(predictions) ································ 17
　Ⅲ．絵本の中をお散歩しよう　(book walk) ································ 24
　Ⅳ．絵をよく見てみよう　(observations) ································ 30
　Ⅴ．演出家になってみよう　(story corner) ································ 37
　Ⅵ．「どうして？」と考えながら読んでみよう　(critical thinking) ································ 44

第2章　英語の絵本で遊ぼう ································ 53

　Ⅰ．英語のリズムを楽しもう　(rhyming) ································ 55
　Ⅱ．何色か言えるかな？　(colors) ································ 64

Ⅲ．今日は何曜日？　days of the week ……………………………… **72**
Ⅳ．数をかぞえてみよう　counting ……………………………………… **82**
Ⅴ．身体の名前を英語で言ってみよう　body parts …………………… **94**

第3章　もっと英語で遊んじゃおう …………………………… **105**

Ⅰ．みんなで遊ぼう！ 手遊び・仲間遊び　playtime …………………… **107**
Ⅱ．歌も一緒に歌ってみよう　songs …………………………………… **116**
Ⅲ．英語でカルタ遊び　matching games ……………………………… **124**
Ⅳ．劇やパペットはいかが？　dramatization ………………………… **134**
Ⅴ．本を作ってみよう　mini books ……………………………………… **144**
Ⅵ．お料理できるかな？　cooking ……………………………………… **157**

身近になった英語の本 ………………………………………………… **170**

> はじめに

英語が苦手、発音が悪いことなど気にしない

「私の英語じゃね。」などと言わないこと
　発音がだめなの、英語は苦手、などと言わないようにしましょう。学ぶことに引っ込み思案は禁物です。もちろんネイティヴ・スピーカーであるアメリカ人、イギリス人に接することは大切です。でも、今のところは、子どもと共に楽しく学ぶ、という姿勢で始めてください。歌ったり、アートをまじえたり、手遊びをしたり、やさしいパターン・ブック（詳細後述）から始める、などいろいろなアイデアを本書で紹介させていただきたいと思います。そして時には、ネイティヴのテープを聞いてみるとよいでしょう。ネイティヴによって吹き込まれたテープも、いろいろ販売されています。

発音を気にしないで、まずは子どもに英語を紹介
　日本で英語の本を読み聞かせた後、あるお母さんからこんな質問を受けました。
　「日本では、発音の悪い親は子どもに英語の本を読んではいけない、と言われるのですが、読んだ方がいいでしょうか？」
　何ということでしょう。どんどん読んであげてください。子どもと一緒に勉強する、そんな心構えでよいのです。日頃絶対だと思っていたママが一緒にお勉強だ、ママって友だちみたいになる時もあるんだ、と子どもは親子関係の別の一面を新鮮な目で見る思いでしょう。
　「この言葉、ママも知らないわ、辞書を引いてみましょうね。なーんだ、こんな意味だった。今日は一緒に新しいことを覚えたわね、学ぶって楽しいね。」

"子どもと一緒にお勉強"の時間は、親子の絆を深めるでしょう。
　「あら、ママよりいい発音しているのね。語学は小さい時から始めた方がいいと言うけれど、なるほどね。」
と、互いに毎日新しい発見をしながら、新しい知識を積み重ねていくことは、何と素晴らしいことでしょう。

りんごはappleだ、と知った時に拡がる子どもの世界観

　いくら発音が悪いといってもappleはappleです。りんごをappleであると知らないより、知っている方が子どもの世界がグンと拡がります。
　日本で育った人は、ネイティヴのように発音できなくて当然です。アメリカ生活が長い私も、アメリカで生まれた人の発音とは違います。正確に発音することは大切ですが、言いたいことを伝える技術を身につけることがより大切です。
　それにはまず、声を出して、いろいろな種類の英語の絵本をたくさん子どもに読んであげてください。子どもは絵本を楽しみながら、英語の表現方法を自然に身につけていくことでしょう。英語の言いまわしを覚えることで、英語に親しみを感じることができるのです。英語という言語を学ぶだけではなく、異国の文化をたくさん子どもに紹介してあげることも子どもの成長を豊かなものにしますね。

時にはネイティヴの発音を聞いてみよう

　カセットがついている本も時々使ってみましょう。「あら、こんなリズムなのね。

ふーん、試してみましょうか。」と、子どもと一緒に新しい経験をしてみましょう。英語のリズムは、日本語のリズムとはまた違った味わいがありますから。

　私の家には、クリスマスやサンクスギビングなど季節の折々に撮ったビデオテープがあります。昔のビデオを観ていましたら、クリスマスの朝ターキーを焼いたり、他の準備をしたりして大忙しの私のそばで、息子が熱心にテープを聞きながら本に見入っている映像がありました。「ママは忙しいから、ボクはテープの本を読もう。」というところなのでしょう。私も随分カセット付きの本を息子に買ったものです。子どもは、ほとんど暗記するまで何回も何回もお気に入りの本を見ながら、聞いているものです。

　絵本を使って英語になじむためには、毎日数分でもよいですから、親が子どもに読んであげ、そして時々カセットを使いながら英語のリズムに接する、という方法にしてみてはいかがでしょうか。機械よりも、おうちの方が読んでくれた方がいろいろな意見をはさみながら読み進めますから、楽しいに決まっています。親と子どもの大切なふれあいの時が生まれるでしょう。カセットはサポート（補助）として使ってください。

　日本を訪れる際、私は時々、有隣堂という横浜の書店で英語の絵本の読み聞かせをします。私が読むこともあれば、アメリカ人の友人をつれていくこともあります。参加費は無料です。時にはこのような催し物を、お住まいになっている地区で探し、子どもを英語に触れさせるチャンスを見つけてください。頑張ってくださいね。

第1章

英語の絵本を
こんなふうに読み聞かせよう

［第1章］英語の絵本をこんなふうに読み聞かせよう

● 小学校から英語を学ぶ時代です

　幼い頃から英語に親しもうという動きが強まっています。小学校から英語が学べるという時代がやっと、本当にやっとやってきました。

　でも、どうしたらよいのかわからずに困っていらっしゃる方も多いでしょうね。そこでアメリカで図書館司書として読書指導と英語教育（国語教育）に係わってきた者として、周りの教師たちと築き上げてきた成功例をご紹介していきたいと思います。英語をどんなふうに教えようかと悩んでいる方たちへの提案です。

● 英語の絵本を使うことで効果的に英語を教えよう

　声を大にして言いたいのは、英語を学ぶなら絵本を、ということです。目を見張るような大胆で強烈な色彩のものがあるかと思えば、繊細な線を駆使した絵本もあります。私の図書館にやってくる幼稚園、1年生の子どもたちは自分の好きな絵本を見つけるのに夢中です。教師たちも子どもたちが絵本を選択するために充分な時間を与えてくれと私に頼みます。「これとあっちとどっちの本がいいかな？」と真剣に考えて迷っている子どもたちの、これは大切な時間なのです。幼児は絵本が大好きです。大好きな絵本を使うことで、英語の世界に難なく入っていくことができるのです。

● アメリカの絵本のアートは素晴らしい

　アメリカは絵本の世界のリーダーだといっても過言ではありません。諸外国から移住してきたアーティストも多いので、いろいろな国の文化が混ざった人種のるつぼからできあがった、独特のおもしろい絵本に出合えます。

　たとえばドイツで育ったエリック・カール（Eric Carle）はおもちゃから本の世界に移っていく幼児のために"穴"のあいた **"The Very Hungry Caterpillar"** と

いう絵本の傑作を製作してくれました。Caterpillar（青虫）が果物をかじったあとになぞって、絵本に穴をあけたのです。小さな指をその穴の中に入れることによって、幼児はさらに物語の中に引きこまれていくという立体的なアイデアです。幼児が乱暴に扱っても破れないように厚紙を使ったのも丈夫で頑丈なドイツのおもちゃを思わせます。ドイツ育ちのカールならではのアイデアです。

　"The Itsy Bitsy Spider" の作者であるエザ・タラパニ（Iza Trapani）は8歳の時にポーランドからアメリカにやってきました。Izaと書くのに、エザと発音します。英語がわからなかったタラパニは幼い頃、絵本ばかりながめていたそうです。そしてわからない単語があったらイラストに注目。イラストがお話の筋の解読に大いに役立ったそうです。彼女の **"The Itsy Bitsy Spider"** の絵本は光を駆使した繊細な淡い色で仕上げられています。キッチンのタイルの一つ一つに施された筆のタッチを見ると、ヨーロッパ調の絵画をながめているような気がします。絵本から英語を習ったタラパニはその後絵本作家になることを決意したそうです。

　これらの素晴らしいアートにあふれる絵本を英語教育に使わないのはもったいないことです。

● **英語教育にふさわしい絵本を選びましょう**

　絵本ならどれでもよいというわけではありません。絵本によっては詩的描写のものあり、遊びの多い英語を使っているものあり、それぞれ異なった人種の文化背景を学ぶには非常におもしろいけれど、その人種独特のスラングを使っているものありというわけで、英語の勉強にはふさわしくないものもありますから、ご注意ください。

　また、絵本を選択する時には、子どもの気持ちを惹きつけるようなイラストを選び、また子どもには難しすぎる単語を使っている本は避けるようにしましょう。で

も絵本によっては難しくてもこの単語を子どもに教えたいと作者が意図しているものもありますから、その辺りの作者の考えにも留意して選んでみましょう。

本書ではアメリカの英語教育(国語教育)に使われてすでに実績をあげている、英語教育に適した絵本を選択しながら話を進めていきます。

● 毎日5分でも10分でも

毎日子どもに英語の絵本を読んであげることが大切です。5分でも10分でもよいのです。英語のリズムや表現方法に慣れさせるのです。最初は短い本から始めましょう。親が子どもに読み聞かせることで親子間のコミュニケーションも充実します。親と子どものとてもスペシャルな憩いのひとときにしてください。読み聞かせで育った子どもはいつか必ず"読む"力を持つ子どもに育つと、口を酸っぱくしても言いたいのです。

毎日読み終えた後はカレンダーにステッカーを貼ったり、表を作るなりして、何らかの記録を残すとよいでしょう。「今日も一緒に本を読んだわね。ステッカーを貼りましょうか。」と。スマイル・マークを描いてもよいですね。

アメリカの学校ではNightly Reading Program(夜の読書プログラム)を推薦しています。これは1日に5分でも10分でもよいから、お兄さん、お姉さんが弟や妹に本を、あるいはパパやママが子どもに本を読んであげましょうというプログラムです。学校からの指定された表に本の題名を書き入れ、読んであげた人がサインします。表が全部埋まったら、学校にその表を提出します。するとご褒美がもらえます。

私の学校ではPTAが主催していますが、司書やリーディング(読書指導)の先生が主催している学校など主催者はいろいろです。主催者が誰であれNightly Reading Programは注目を浴びています。私の学校のご褒美は新しい本です。さあ、

がんばってもっと読みましょうというわけです。

● **やさしい本から一緒に学ぶ**

　絵本を見ながら、「りんごはappleと言うのよ。」この辺りから始めるとよいでしょう。アップルはappleなのかと子どもは音と視覚でとらえる、こんな小さなことも大切なのです。視覚で学ぶ単語を**sight word**といいます。Appleというひとつのグループとして単語を覚えていくのです。「りんごはappleと言うのよ。」とりんごの絵とappleと書かれた語をさし、一緒に「Apple, apple」と発音してみます。あなたの発音が悪くても、りんごはappleであると教えたこと自体が素晴らしいことなのです。

　エリック・カールの***"The Very Hungry Caterpillar"***は果物の名前や曜日が出てくる基本的な本です。オレンジ、いちご、なしなどの果物が出てきます。「オレンジはorangeよ。」と指をさし、「Orange, orange」、「いちごはstrawberryと言うのよ、さあ一緒に発音してみましょうね。Strawberry, strawberry」という調子でやってください。「そうか、なしはpearなのか！」、とpearという単語を発音しながら視覚的にとらえて、覚えてもらいましょう。子どもにとっては新鮮な体験であるはずです。

　この章では、英語での絵本の読み聞かせにまず慣れることを目的にしましょう。英語で絵本を読み聞かせて、その内容を子どもが楽しく理解できるようにするために活用できるいろいろな方法があります。英語の学習とは関係がないように思われる方法もありますが、どれも英語の絵本の理解を促してくれる方法です。それぞれの方法を試しながら、読み聞かせを子どもと一緒に楽しんでみましょう。

1 繰り返しを楽しもう　●pattern books

　では、どんな絵本から始めましょうか。

　やさしい絵本、そして読み手であるあなたが「これなら楽しく読んであげられるわ。」と思うものを選んでください。発音できないような難しい単語がいっぱい、なんていうのは避けましょう。読み手のあなたも楽しめる本を選ぶのです。

　Pattern books（パターン・ブック）という言葉を耳にしたことがありますか。

　ある言いまわしが一つのパターンとして繰り返されるので、pattern booksと呼ばれます。児童に英語を教える時に、pattern booksは欠かせないテクニックの一つです。これでもかと、ある言いまわしのpatternを繰り返しているうちに、児童はその言いまわしを覚え、自分の言語として使い始めます。言語の発達（Language development）において、pattern booksは重要な役割を占めています。

✓ Pattern booksを読んでみよう

　アメリカの幼稚園（アメリカでは小学校制度の一部）に入園するとまず聞かされるのが、ビル・マーティン（Bill Martin）の **"Brown Bear, Brown Bear, What Do You See?"** です。

　この本では、タイトル（題名）の "Brown bear, brown bear, what do you see?" で始まるpatternと、それに対する答えを繰り返していきます。何回も何回も繰り返しているうちに子どもたちは、"Mama, mama, what do you see?" "I see my grandma looking at me." などという言いまわしを、自分の言いまわしとして会話に使い始めます。

　日本でも小学校1年生の頃、「さくら、さくら、さくらがさいた」などと大声で読んだものですね。アメリカでも、クラス全員が合唱するようにリズムをつけて一緒に読みます。リズムとビートで子どもと一緒に読んでみてください。

　さあ、大声で繰り返してみましょう。

"Ten Little Monkeys Jumped on the Bed"

　この絵本は、アメリカの子どもたちがよく口ずさんでいる、**"Ten Little Monkeys Jumped on the Bed"** というわらべ歌をもとに作られています。同じわらべ歌でも、アイリーン・クリストロウ（Eileen Christelow）の絵本 **"Five Little Monkeys Jumping on the Bed"** のように、Five Little Monkeys になっているものもあります。

　Ten little monkeys jumped on the bed.
　One fell off and bumped his head.
　The mama called the doctor, the doctor said,
　"No more monkeys jumping on the bed."

　絵本によっては多少の違いがあるかもしれませんが、サルが1匹ずつだんだんとベッドから落ちていきます。数が変化する以外は、このpatternの言いまわしが最後まで繰り返されていきます。

　では、このpatternを使って遊んでみましょう。

Let's try!

❶ 最初は、patternどおりに繰り返して、子どもと一緒に口ずさんでみましょう。
❷ 次に、monkeysをkittens（子ねこ）に代えて繰り返してみましょう。
　Ten little kittens jumped on the bed.
　One fell off and bumped his head.
　というように。

こんな風にリズミカルに何度も繰り返しているうちに、この言いまわしを覚えてしまいます。同じpatternを繰り返しているだけですが、bedの前にはtheをつけること、mamaやdoctorの前にもtheが必要なんだな、「ベッドから落ちた」はfellだけでなくoffを伴う、などと学ぶことがいっぱいです。

　私の家の近くにある公共図書館では毎週2回、1年を通じてストーリー・アワーが開催されています。よちよち歩き用と4歳位の幼児用の2クラスです。よちよち歩き用のクラスでは、司書は本も読みますが、毎回同じわらべ歌や童謡を歌います。その時に、ten little monkeysをfiveに代え、alligator（ワニ）のぬいぐるみが1匹ずつmonkeyをパクッと食べていく、というように代えて歌っています。もちろん最後にmonkeysは、みなalligatorのおなかから出てきます。ご心配なく。

✓ リズミカルに読もう

　子どもに読む時には、抑揚をつけてドラマチックに読んでみましょう。私の図書室でも、私が乗りだすと子どもも乗ってきます。
　わらべ歌の **"Ten Little Monkeys"** の始めのところでは節をつけて、身体を上下でも左右でもよいのですが、リズムに乗せて動かします。
　"Bumped his head"ではガーンと頭を打つふり、電話をかけるところではダイアルをまわすふりをすると、「うちのはタッチ・フォーンだよ。」などという声が返ってきます。
　"No more monkeys jumping on the bed"では生徒に指をさして、いけないよと

いうふりなどをすると、子どもたちはすぐ真似をして一緒に身ぶり手ぶりを入れながら加わってきます。

真似（imitation）は子どもの成長につきもの。大人の真似をしながら、学んでいきます。「でも私の発音では…。」などという心配を捨て、リズムと抑揚、ドラマチックな演出で子どもと一緒に楽しんでください。

✔ 繰り返しの部分は子どもを参加させよう

アメリカの学校では、**"It Looked Like Spilt Milk"** を "It looked like ～. But it wasn't ～." という言いまわしを練習する素材の一つとしてよく使います。

"It looked like ～." と教師が読んだ後、生徒たちに "But it wasn't ～." という部分を言わせます。読めなくてもpatternは同じですから、子どもは答えられます。

こうして、1冊の本のある部分の言いまわしを生徒や子どもに読ませて参加させるテクニックを、**shared reading**と言います。Shareとは分けあう、分担するという意味です。I shared my cake with my friend.と言ったら、私はケーキをお友だちと分けあいました、I am sharing the bedroom with my sister.と言えば、私は妹と寝室を共有しています、という意味です。幼児は、自分も参加できるshared readingが大好きです。

Shared readingができる絵本、あるいは絵本の中でshared readingができる箇所を探して子どもを参加させてください。何回も繰り返される部分をshared readingするとよいでしょう。

✿ **Pattern Books**のブックリスト
Brown Bear, Brown Bear, What Do You See? by Bill Martin & Eric Carle (Puffin Books)
Five Little Monkeys Jumping on the Bed by Eileen Christelow (Houghton Mifflin Co)
Have You Seen My Cat? by Eric Carle (Simon & Schuster)
It Looked Like Spilt Milk by Charles G. Shaw (Harpercollins Juvenile Books)
Where Does the Butterfly Go When It Rains? by May Garelick & Nicholas Wilton (Mondo Pub)

II 次はどうなる？──推測しよう　　predictions

✓ 読書に大切な技術──Predictions

　Predict（推測する）とは、アメリカの読書教育においてとても重要視されている技術です。

　読み聞かせている時に、次のページをめくる前に「で、どうなると思う？」と、次に展開されるストーリーをpredictさせる（推測させる）のです。こうだから、こうなると思うよ、と子どもなりの論理で答えが返ってくることでしょう。その子どもなりに裏づけた論理を大切にしてあげてください。こうした"predict"の練習は、読書に必要な"考えながら読む"という力を伸ばします。

　次のページで何が起こるのかを考える時、子どもは自分の短い人生の経験から答えを出すでしょう。主人公を自分に置き換えてpredictすることもあります。

　ここではしっかりイラストに注意をはらいながら、predictしていきましょう。

"Predict"の基本

＊**Predict**することで、Sequence（物語の流れ）そしてMain idea（作者が伝えようとしているメッセージ）をつかみます

Predict-次に何が起こるかを予測します。

　幼児の場合はイラストに注意をはらうことでpredictすることが多いでしょう。

Sequence-Predictしていくことで、sequence（物語の流れ）を理解するでしょう。

Main idea-それぞれの本の作者が伝えようとしている、main ideaをつかんでもらいます。

　昨年私たちの学校で開かれた、読書能力を高めるためにはどうしたらよいか、というミーティングでbrainstorming*をした時のことです。

　"What Good Readers Do"と題して、読書能力を上げるための条件をみんなで

挙げていきました。13の条件が挙げられましたが、その中に"Good readers predict"がありました。読書の折にpredictが大切である、と教師たちが考えていることがこのことからもおわかりになるでしょう。

*ブレインストーミング。会議などで各人が自由に考えを出し合って問題を解決したり、アイデアを生み出したりする想像能力開発法。（研究社『新英和中辞典』）

✓ Circular Plotの本を使って"predict"を練習してみよう

　Circular plotとは、推測から推測という設定で成り立っています。"What if" storyとも呼ばれます。もしこうしたら何が起こるかな、というifで始まる話が、鎖がつながっていくようにどんどん続き、また元に戻っていく、というスタイルです。

"If You Give a Mouse a Cookie"

　ニューメロフのこの絵本を使って、predictしてみましょう。

Let's try!

　ねずみがやってきました。クッキーをあげてみましょう。
　ここから以下のような質問をし、子どもに推測してもらいましょう。

❶ クッキーを食べたら、何か飲みたくなる？　飲みたくなったら、何を飲む？
❷ コップにミルクを入れたら、飲みにくそうね。飲みにくかったら、あなたなら何を使って飲む？　あなたがいつも使っているものよ。

と、話は進み、何のことはない最後にまたクッキーとミルクに話が戻ってきます。Predictの練習によい設定ですね。

　Circular plotは、ニューメロフの他の本でも楽しめます。どれも好評で、私の図書室でも人気があります。
　ニューメロフの *"If You Take a Mouse to the Movies"* では、
「映画に行ったのですよ、映画館では何を食べるでしょう？」「ポップ・コーン！」

と子どもたちに答えさせてからページをめくります。

　映画を見ながらポップ・コーンを食べる、というアメリカのポップ・カルチャーを知らないと、predictできないかもしれません。私の夫などいい歳をして、映画を見にきたのか、ポップ・コーンを食べにきたのかわからない程、いつも大きな容器に入ったポップ・コーンと大きなコーラのカップをかかえていますよ。

　本によっては、その国の風習を知らないとpredictしにくいものもありますね。

✓ Predictしながら読んでみよう

"I Like Me"

　この本は、ナンシー・カールソン（Nancy Carlson）作で、ユーモアをまじえて自尊心について教えてくれる本です。アメリカでは、教師やカウンセラーが自尊心について生徒たちに教える際に、よくこの本を教材として使います。

Let's try!

❶ まず、子どもに読み聞かせながら、一緒に絵本を読んでいきます。常日頃から明るく、そして自信たっぷりの元気なブタさんのお話です。

❷ こんなに自信と明るさに溢（あふ）れるブタさんだって、自信をなくしたり、失敗したり、悲しい時もあります。そのようなページにきたら、即座にページをめくらずに、

「ブタさんはどうするかしら？」などとたずねます。「泣いちゃうよ。」などというpredictionが出てくるかもしれません。

❸「フィギュア・スケートの最中に転んでしまったわ。みんなの前でさっそうとすべっている時に転んだら、＊＊ちゃんなら、どんな気持ち？　ブタさんはどうするかな？」
と、"predict"に誘いこんでみましょう。

❹せっかく作ったケーキが、くずれてしまって台無し。
「失敗したら、どうしたらいいかな。誰だって失敗するのよ。失敗は成功のもと。次にケーキを作る時に失敗しないようにするにはどうしたらいいかな？」
と、"predict"につながるような質問をしながら読み進んでいきましょう。
「ブタさんは、何と言っているかしら？　Tryは試みるということよ。失敗しても、くじけないで、tryすることはとても大切ね。」

こうした親と子のやりとりが、将来子どもの中に考える力を培い、子どもの人生にガイダンスを与えてくれるなら、"predict"、万歳です。子どもは考えながら本を読んでいくでしょうね。

"The Snowy Day"

この絵本は、エズラ・ジャック・キーツ（Ezra Jack Keats）が男の子を主人公にして描いた、静かで詩的な冬の絵本です。

Let's try!

❶ まず、子どもに読み聞かせながら、一緒に絵本を読んでいきます。

❷ この本のクライマックスは、雪に魅せられてすっかり興奮したPeterという男の子が、雪のボールを作ってポケットに入れるところです。

しかも"for tomorrow"、明日この雪のボールで遊ぼう、なんて思っています。このページの大切なキーワードはtomorrowです。Tomorrowを強調して読むことで、このクライマックスを子どもの心に刻み込んでください。

❸ Peterが寝る前にコートのポケットを探っています。さあ、ここでpredictしてもらいましょう。

「何を探しているのかしら。ポケットはemptyですって。からっぽ。何を入れていたのかしら？」

と聞いてみましょう。赤いコートには、解けた雪がにじんでいます。私がうっかりしていると、幼稚園の生徒はこのような細かい描写も指摘してくれます。

「雪が解けたんだよ。コートにしみがついちゃった。」と。

❹「雪が解けちゃって、どうしてPeterは悲しいのかしら？」

と話し合ってみましょう。次のページはベッドで寝ているイラストです。

「Peterは何を考えながら寝たのかしら？」

私たちの学校では、答えさせる時に"I predict…"で文章を始めさせます。

"I predict that Peter was thinking of the melted snowball." 「ピーターは、解けてしまった雪のボールのことを考えているんだ、とpredict（推測します）。」という具合です。

[第1章] 英語の絵本をこんなふうに読み聞かせよう

"The Tale of Peter Rabbit"

　この本は、ベアトリス・ポター（Beatrix Potter）の名作、おなじみのピーターラビットのお話です。

Let's try!

❶ まずは、子どもと一緒に絵本を読み進めていきます。

❷ お母さんに、Mr. McGregorの畑に行ってはいけませんよ、と言われたのに、Peterは塀をくぐりぬけて、Mr. McGregorの畑に行こうとしています。この場面でpredictしてもらいましょう。
　「Peterはどこに行くのかしら？」

❸「お母さんはなんて言ったかしら？」
　塀をくぐりぬけていこうとするPeterを指さして、注目してもらいます。

❹「Mr. McGregorの畑に行ったお父さんはどうなったのかしら？」
　とpredictすると同時に、話のsequence（流れ）にも注意をはらえるように質問をしてみましょう。

✓ その子どもなりの"predict"を大切に

　穴があいている遊び気のある本、**"Peepholes : Guess Where I Live"** も子どもに喜ばれます。

　それぞれの動物が住んでいる場所、ジャングルとかデザート（砂漠）などを想像していく、という設定です。Jungle、desertなどの単語を覚えるのにもよいですね。このようにしてやさしい本から、徐々に"predict"を練習していきましょう。

　Predictionのテクニックは、大人になるまで使える、読解力には大切な要素です。

　間違った"predict"をしても、子どもをとがめないでくださいね。子どもならではのユニークな答えを出すこともあるでしょう。その創造性を大切にしてあげてください。

「＊＊ちゃんはそう思ったのね。なるほどね。この本の作者は、こう考えたのかもしれない。人によってそれぞれ違うのは当然のことなの。みんな同じなんていうことはないのよ。だから、いろいろなご本があるのよ。＊＊ちゃんがご本を書いたら違うお話になるわね。」
などと話し合ってください。

創造性について親子が語り合うよいチャンスですね。

○ **Predictions** にぴったりのブックリスト
If You Give a Mouse a Cookie by Laura Joffe Numeroff & Felicia Bond (Scholastic Paperbacks)
If You Give a Pig a Pancake by Laura Joffe Numeroff & Felicia Bond (Harpercollins Juvenile Books)
If You Take a Mouse to the Movies by Laura Joffe Numeroff & Felicia Bond (Harpercollins Juvenile Books)
If You Take a Mouse to School by Laura Joffe Numeroff and Felicia Bond (Harpercollins Juvenile Books)
I Like Me by Nancy Carlson (Penguin USA)
It Looked Like Spilt Milk by Charles G. Shaw (Harpercollins Juvenile Books)
Peepholes : Guess Where I Live by Anni Axworthy (Candlewick Pr)
The Snowy Day by Ezra Jack Keats (Penguin USA)
The Tale of Peter Rabbit by Beatrix Potter (Penguin USA)

III 絵本の中をお散歩しよう　　book walk

✓ イラストからストーリーを推測してみよう

　Book walk（ブック・ウォーク）とは、読書力を養う一つのテクニックで、balanced literacy（バランスド・リテラシー）という、読書指導論の中で提案されているアプローチ方法の一つです。

　Book walkは、本を読み聞かせる前に、まず本の始めから終わりまで絵本のイラストだけを見せます。Walk through the book, つまりこれから読む本の絵を見ながら本の散策を試みるのです。イラストを始めから最後まで見ることによって、筋を推測します。本屋さんで絵だけをパラパラとめくって、「おもしろそうだから、買おうかしら。」なんて考えるのに似ていますね。

　でも、最後のページを見せて結末を暴露させてしまい、興味を半減させてしまっては台無しです。Book walkに向いていない本もあるのでご注意を。

　「最後はどうなるのかしら、読んでからのお楽しみね。どうなるのかな〜。」と子どもの気持ちを大いに惹き付けてから読み始めましょう。（Book walkは時にpicture walkとも呼ばれています）

　どうしてbook walkなんかするのかしら、とお思いになるでしょうね。

　"I Have a Sister My Sister Is Deaf" という絵本の作者で、私の友人であるジーン・ホワイトハウス・ピーターソン（Jeanne Whitehouse Peterson）に、book walkについて聞いてみました。

Book walkの目的

1. 作者が意図する言葉に対して、画家（artist）がどのように解釈し、絵として表現したのか、を知るためです。絵を描いた人とお話を書いた人が別の絵本がよくあります。絵を描いた人が伝えてくれる情報（information）に注意をはらうために、絵だけを見てみるのです。

イラストから、物語の流れをくみ取ってもらいます。

2. 子どもに、自分の立場から自由に解釈（interpretation）させ、イラストから読み取ったその子なりの解釈を大切にするためです。

子どもには子どもなりの人生経験があります。親としてその点に注意をはらいたいものですね。

子どもによって家族関係、友だち関係も異なり、その子だけが体験した独特の解釈があるでしょう。その違いに注意をはらいましょう。

と、彼女は説明してくれました。

アメリカの大学で児童文学を勉強している学生は、このようにbook walkを解釈しているようです。家庭で、あるいは教室での教育者としては、これから読む本への興味をかきたてるためにまずイラストを見る、というように解釈してはいかがでしょうか。表紙はなかなかおもしろそうね、では本文のイラストを見てみましょう、明るいイラストね、そうなの、そういう物語なのね、などと子どもの読む気をそそっておきます。

✔ Book walkをやってみよう

これから読む本のイラストを始めから終わりまで眺めることによって、物語を推測してみる――book walkを実際にやってみましょう。

"Have You Seen My Duckling?"

　この本はナンシー・タフリ（Nancy Tafuri）作で、カルデコット（Caldecott）賞の銀賞をとった本です。カルデコット賞をとると、表紙にメダルが付きます。私の生徒たちは、メダルの色によって、

「金メダルだから、1番だ、銀メダルだから2番だ。」

という反応を示します。オリンピックのメダルに見立てているのです。

Let's try!

❶ まず表紙を見せます。

「表紙には、one, two, three...eightのアヒルの子どもたちとお母さんがいるわね。***"Have You Seen My Duckling?"*** は、『私の赤ちゃんアヒルを見ませんでしたか？』という意味のタイトルなのよ。迷子になったアヒルの子を探しているお話なの。」

と、簡単に表紙の絵とタイトルについてのみ説明しておきます。

「お母さんアヒルは、迷子になったアヒルの子を無事に見つけられるかしら。」

❷ あとはイラストを見ながら、子どもに筋を追ってもらいます。

子どもにどんどん発言させましょう。言いたいことを全部言ってもらいます。子どもは大体の筋がつかめたでしょうか。

「あんなところに一羽だけいる。」

「今度はあそこにいるのに見えないのかな。」

「そこにいるじゃないか。」

など、いろいろと言うでしょうね。あるいは迷子のアヒルの子のことなど全然気がつかずに、とてつもないお話が展開するでしょうか。

❸ イラストを最後まで見終わったら、

「どんなお話だったか、話してくれる？」

と促します。

「そうかな、じゃ、読んでみましょうか。」
❹ 読み聞かせを始めます。
「あら、ここはこうなんですって。」
などと言いながら。「やっぱりね。」という箇所もあれば、「あらあら、違っていたわね。」というところもあるでしょう。それが、普通です。本文を読んでいないのですから。本の内容に全く関係のないことを言ってもよいのです。思ったことをどんどん言わせます。読み聞かせに入った時に、実はこうなのよ、と全く異なった推測に対して、「どうしてあんなことを言ったのかしら。」と楽しく話し合ってもいいですね。
❺ 想像通りだったところは、ほめてあげましょう。でも想像と違っていても責めたりしないようにしてくださいね。

この本は、Have you seen my ＿＿＿？という言いまわしを練習するのにもよい本です。読み聞かせをしながら、ページごとに「ママはなんて言うのかしら？ Have you seen ...？ね」と子どもにも言わせてpredictやshared readingを駆使してみてください。

✔ 顔の表情の変化にも注目してみよう

おなじみの **"Where the Wild Things Are"** は、モーリス・センダック（Maurice Sendak）の代表作。子どもたちにとても人気があります。どこの図書館にも必ずある本です。

きかん坊のマックスの怒った表情、いたずらっ子の表情、怪獣たちを前にえらそ

うにしている表情、ばか騒ぎをしている時の表情、おうちに帰ってきてほっとしている表情など、マックスの表情の変化だけを追うことによっても、この本のだいたいの筋がつかめますね。センダックならではの憎い程ウマイ表情描写です。表情は感情を表していますから、お話を想像するよいポイントです。

「絵を最後まで見てお話を想像してごらんなさい。」
と子どもを促してください。

"Where the wild things are"という箇所にきたら、子どもにとってはおなじみの日本語のタイトルを言い添えてみましょう。なるほどそういう意味なのか、とピンとくるのではないでしょうか。

"The wild things"ってそういうことなんだ、知らなかったね、というように。

✓ 自己投影しやすい絵本でbook walkしてみよう

マーサー・メイヤー（Mercer Mayer）が描いた**"There's a Nightmare in My Closet"**を紹介しましょう。

この本は、暗闇を怖がる子どもが絵本の中に自己を投影しやすい本です。Book walkにとても向いています。

主人公の男の子は、押し入れの中にnightmare*（夢魔）が隠れている、と信じています。本当は怖いのだけど、それを乗り切ろうという試みです。

絵に注目させ、例えば、怖がった表情のnightmareを指さし、また意気がってお説教らしきものをしている表情、あるいは男の子の部屋のおもちゃにも注意を向けさせながら、book walkを進めてください。

子どもが発言し始めたら、あなたは何も言わないように。

「そう、じゃあご本を読んでみましょうね。想像どおりかな。」

*睡眠中の人を窒息死させてしまう魔女。
（研究社『新英和中辞典』）

✪ **Book walk**にぴったりのブックリスト
Have You Seen My Duckling? by Nancy Tafuri (Harpercollins Juvenile Books)
There's a Nightmare in My Closet by Mercer Mayer (Penguin USA)
Where the Wild Things Are by Maurice Sendak (Harpercollins Juvenile Books)

 絵をよく見てみよう ─────── observations

　絵本におけるイラストは、子どもが読解力を養っていく上で大切な要素です。絵を見ながらdecode（解読）することができる、つまりストーリーを解き明かしていく過程で、一役も二役もかってくれます。わからない単語があっても絵が手助けしてくれるので、子どもはイライラせずに、すんなりと絵本の世界に入っていけます。

　カルデコット（Caldecott）賞という、アメリカの児童文学賞の中で最も権威ある賞は、ストーリーとイラストに対して与えられるのです。イラストと物語の比重が同じ、と考えられているのです。

　特に英語で読み聞かせをしていく場合には、子どもにとってわからない単語がたくさんあるはずです。絵解き、つまりイラストをじっくり見せることによって、子どもはその単語を理解していくでしょう。

　例えば、絵本に出て来るbatという単語を知らない時、
　「Bat, batよ。」と、コウモリの絵を指して言ってみましょう。
　子どもは、「ああ、コウモリはbatなのか。」と理解することができます。

例えば、動物の名前と鳴き声が絵本に出てきたら、まずイラストをじっくり見せて、
「この動物は何かしら？」
「牛だ！」という答えが返ってきたら、
「そう、牛は英語でcowというのよ。」
と、イラストと英語の単語を指して説明しましょう。次に、
「英語ではmoo, moo（ムー、ムー）って鳴くって書いてあるけど、日本ではモー、モーって鳴くわね。モー、モー牛さんは、moo, moo cowなんですって。おかしいわね。こっちの絵はブタさんだけど、鳴き声がブーブーじゃなく、oink, oinkって書いてあるわね。アメリカ人には、鼻をならすように聞こえるらしいわ。」
というように、子どもと一緒に動物と鳴き声を英語で何と言うか、目で見て語り合いましょう。

　ついでに、動物の鳴き声の本を紹介しましょう。**"Brown Bear, Brown Bear, What Do You See?"** の続編、同じマーティンとカールのコンビによる **"Polar Bear, Polar Bear, What Do You Hear?"** です。
　Peacock（くじゃく）の鳴き声がyelp（犬がキャンキャン鳴く声）、walrus（せいうち）の鳴き声がbellow（うなり声）などと書かれています。
　私の学校のリーディングの先生は、「Snake（へび）ならhissing（シューッ）, elephant（象）ならtrumpeting（ラッパのような音）」と、動物と鳴き声を対にして教えています。
　ただ、ヒスパニック系の子どもが多い私たちの学校では、この本は単語が少しsophisticateされすぎている（高度すぎる）ようでした。日本の幼児にとっても、単語が難しいのではないかと思いますが、読む人がその本を好きであるか、ということにもよりますね。「これなら、いける。」と私が惚れ込んだ本は、生徒たちも大好きになってくれます。以心伝心でしょうか。

✓ イラストからアメリカ文化を読みとろう

　アメリカで一番人気のある絵本といっても過言ではないくらい **"No, David!"** は、子どもたちに親しまれています。いや、バカうけしています。

　これは、作者のデイビッド・シャノン（David Shannon）の自叙伝だそうです。大変なきかん坊、いたずら坊主ぶりです。でも、絵に注目してください。アメリカ文化が散りばめられていますよ。

"No, David!"

Let's try!

❶ 食べ物をおもちゃにして遊んでいるページを開いてみましょう。

　鶏肉、ブロッコリー、ニンジンなどなかなかバランスのとれた献立です。

「みんな栄養のあるものばかりね。きちんと食べたらデイビッドの食生活はいいのにね。」

などのコメントを入れて、典型的なアメリカのディナーがどんなものかについて、説明を加えてあげましょう。

鶏肉は chicken、ブロッコリーは broccoli、にんじんは carrot、と紙に大きく書いて、sight word としてなじませるのもよいアイデアですね。

❷ 怒られてしぶしぶと部屋に行くページを開いてみましょう。

　テレビの上に家族の写真が置かれています。その写真を見ながら、

「デイビッドは一人っ子かな？」

「一人っ子だから、きかん坊なのかな。でも一人っ子でもおとなしい子もいるわね。」

などと、本の内容について子どもとディスカッションしてみましょう。

❸ デイビッドが家の外に出てしまうページを開いてみましょう。

デイビッドのそばに建っている家をよく見てみましょう。その家には暖炉があるのがわかりますか。アメリカの中流家庭にはたいてい暖炉があります。

「暖炉は、fireplaceというのよ。」

そんなことに触れてもよいですね。家のそばできょとんとしてデイビッドを見ているのは何でしょう。子どもに問いかけながら、一緒に探してみましょう。

❹ ベッドで飛び跳ねているページでは、

「ベッドの上にかけられているおふとんには、どんな模様がついているかしら？」

「そうね、飛行機がたくさん描いてあるわね。飛行機は英語でairplaneというのよ。飛行機が好きなのかな。大きくなったらパイロットになりたいのかな。」

と、細かい描写にも注意をはらいましょう。

❺ テレビを観ているデイビッドのページでは、散らかっているおもちゃにも注目してもらいましょう。

アメリカの男の子が好みそうなおもちゃが、いっぱいあります。

アメリカの男の子の間で人気のある、戦争ごっこのGI Joe（GIジョー）。GIジョーというマンガも、子どもたちの間で何十年も親しまれている息の長いものです。

それに、cowboy hat（カウボーイ・ハット）は開拓時代以来、アメリカならではのものです。

アメリカの人々が大好きなfootball（日本で言うアメリカン・フットボール。アメリカでは単にfootballと呼びます）のball（ボール）やbaseball（野球）のbat（バット）やball（ボール）などもあります。

でも、ずいぶん所狭しと散らかっています。その散らかったおもちゃの中にア

メリカ文化が溢れていることを子どもに教えてあげましょう。

このように、絵をじっくり見るとその国の文化や生活がよくわかる、おもしろい絵本がたくさんあります。

✓ イラストでなぞなぞあそび

"Is Your Mama a Llama?"

　デボラ・ガリノ（Deborah Guarino）が書いた、**"Is Your Mama a Llama?"** は、llama（ラマ）が "Is your mama a llama?" といろいろな動物にたずねながらお母さんを探し歩く話です。

　スティーブン・ケロッグ（Steven Kellogg）のイラストが、それぞれの動物をとても親しみのあるものにしています。この珍しいllamaは、南米産のラクダのことです。

Let's try!

❶ llamaが "Is your mama a llama?" とたずねる場面では、その動物がママの特徴を説明しています。まずは、子どもにじっくりとイラストを見てもらいましょう。

❷ 次に、その動物の特徴を英語の原文で読み聞かせましょう。

　それぞれの動物の特徴を、英語でどう表現するかを学べます。日本語でも説明を加えてあげましょう。

　「Batは暗いところに住んでいて、さかさまになって休む。」

　などということを、日本語と英語で繰り返すことによって、一緒に覚えることができます。親子で一緒に覚えてみましょう。

❸ 動物の名前の当てっこしましょう。

　子どもは説明とイラストの助けを借りながら、答えを出してくれるでしょう。

"Bat!"、"Cow!" と、私の生徒たちはいち早く答えを出そうと懸命になります。なぞなぞゲームのように楽しくいきましょう。

❹ 読み終わったら、
「コウモリは英語で何と言ったかな？　オットセイは？」
と出てきた動物の名前を復習しましょう。

✓ ジャン・ブレットの作品は縁どりに注目しよう

　ジャン・ブレット（Jan Brett）の作品をご覧になったことがありますか。
　1ページ、1ページがデザインされた縁どりで飾られています。縁どりのデザインには並行して起こっている物語が描写されています。縁どりは同時進行しているお話なのです。そして、それも物語の一部なのです。縁どりの中に、ストーリーに絡まった思いがけない発見ができることもあって、子どもたちの興味を大いにそそるのです。ジャン・ブレットはきちんとそのようなことを計算に入れているらしく、子どもから縁どりの絵の解釈を聞くのが、好きなのだそうです。
　幼児向けの比較的やさしいブレットの作品に、**"Gingerbread Baby"** があります。
　この作品では、本文とは別に縁どりのデザインの中にGingerbread Babyというbaby（赤ちゃん）の形をしたgingerbread（しょうが入りクッキー）の型が抜かれています。その型の中に物語と並行して、他の描写が流れていくというしゃれた手法を使っています。縁どりの絵も物語の一部ですから、子どもはいやがうえにもイラストに注意をはらうという訓練がなされます。
　読み聞かせながらページをめくる前に、縁どりのイラストを子どもにじっくりと眺めてもらいましょう。といっても、子どもは本体より縁どりのストーリーに夢中になるものですが。

　ジャン・ブレットの作品は、イラストに注意をはらう訓練にぴったりです。
　その訓練は、先にお話した"predict"という、考えながら読む読書の力をつけ

る訓練につながります。ただジャン・ブレットの作品は比較的字が細かいものが多いので、やさしい本を選ぶようにしてください。

"**Gingerbread Baby**"なら、"...catch me if you can"などのおなじみの言いまわしを子どもに言わせてみるpattern bookとしても使えます。

読み聞かせる時は、「Dogが追いかけているわね、次はやぎだわ、やぎはgoatよ。」などと日本語と英語で説明しながら進めるとよいでしょう。

✪ **Observations**にぴったりのブックリスト
The Cow That Went OINK by Bernard Most (Harcourt Inc.)
Gingerbread Baby by Jan Brett (Putnam Pub Group)
Is Your Mama a Llama? by Deborah Guarino & Steven Kellogg (Scholastic Paperbacks)
No, David! by David Shannon (Everest Pub)
Polar Bear, Polar Bear, What Do You Hear? by Bill Martin Jr. & Eric Carle (Henry Holt & Co)

Ⅴ 演出家になってみよう　　　story corner

　読み聞かせる時のムード作りやストーリー・コーナーの演出は、子どもを絵本文学の世界に引き込むために有効な手段です。読んだ絵本の登場人物になったつもりで、抑揚をつけながら英語の言いまわしを覚えれば、いっそう英語に興味を持つようになるでしょう。クリエイティブに英語を学ぶ方法を見つけて、絵本を使った英語のお勉強はこんなに楽しい、という思いを子どもに感じてほしいですね。

✓ ストーリー・コーナーを作ってみよう

　絵本を読む前に、そのお話にあったムード作りをしてみましょう。ムードを盛り上げることで、英語の本であってもスムーズにお話の世界に入り込んでいけます。

"Goodnight Moon"

　マーガレット・ワイズ・ブラウン（Margaret Wise Brown）の名作 ***"Goodnight Moon"*** は、静かなおやすみ前のひとときの本です。それらしい雰囲気を出して演出してみましょう。

　おうちで子どもと一緒に、こんなふうにムード作りをしてみましょう。

Let's try!

❶ おやすみ前に子どもにこの本を読み聞かせながら、子どもの寝室を徐々に暗くしていってみましょう。
　まず、天井の電気を消し、次に枕元の電気を消し、それからカーテンも閉めるなど、物語が進むに従って部屋を暗くしていくのです。

❷ そして最後に、"Good night ＊＊ちゃん" と言いながら、静かに寝室を出ていきましょう。子どもはもう寝てしまっているかな。起きているのはネズミだけかしら。

私がこの本を生徒たちに読む時には、まず、ストーリー・コーナーの電気を薄暗くします。生徒たちが図書室に来る時間になると、そっと図書室のドアを開けます。

　「しーっ、今日のお話は静かに聞くお話ですよ。一列に並んでひとこともしゃべらずに、静かにストーリー・コーナーに行けるかな。」

　生徒たちは薄暗いストーリー・コーナーを目ざとくながめ、何かおもしろいことが始まるんだなと期待しながら、ストーリー・コーナーに座ります。みんな今日のお話が始まるのをワクワクしたような顔をして待っています。

　「静かなお話の時は、私もささやくような声で読みますよ。あなたたちも静かに聞いてくれないと、お話が聞こえませんよ。」
と脅かすこともあります。すると生徒たちも身を乗り出して真剣な面持ちです。

　読み聞かせが終わった後、生徒たちは本を借ります。

　楽しい図書の時間が終わると、ドアの前に一列に並びます。「また、来週ね。」と図書室を出ていくその時です。一人ひとりの生徒に"Goodnight ___."と言わせるのです。

　"Goodnight Mrs. Leeper.", "Goodnight my library.", "Goodnight books.", "Goodnight tables." など、いろいろな言い方ができます。自分はこう言おう、と口には出さず頭の中で練習しながら（practicing in his/her head）、みんな、自分の番が来るのを待っています。小声でささやくように言ってもらいます。

✔ 掲示板で本をアピールしよう

　以前私の学校にいた、ミセス・マーコットという絵の先生と私は、よく文学とアートを結びつけたテーマでプログラムを組んだものです。

　彼女と彼女の生徒たちに手伝ってもらい作った、**"Goodnight Moon"** の掲示板（bulletin board）を紹介しましょう。

　まず、グリーンの紙をブルテンボード（掲示板）一面に貼ります。

　それからオレンジの紙を切って窓の縁どりです。生徒たちがホチキスで留めてくれました。そして白い月も貼ります。

　ミセス・マーコットは古い縞のシーツを持ってきてくれました。そのシーツを上から吊し、カーテンとしゃれてみました。とても立体的な感じが出て、図書室に来る人たちの目を奪ったものです。

　文学的な雰囲気を作り出すということは、生徒たちに常に文学に触れさせるという意味で大切なことです。

　「今図書室には、**"Goodnight Moon"** のディスプレイがあるんだよ。」

などと、生徒が親に得々として話しているのを聞くと、「ああ、生徒たちは喜んでくれている。」と思い嬉しくなります。

✔ お部屋を飾ってみよう

"It Looked Like Spilt Milk"

　"*It Looked Like Spilt Milk*" は、pattern book として使うこともできますし、本を読み終わった後で、雲に見立てた綿からいろいろな形を想像させるという、アートを取り入れたアクティビティーを行っても盛り上がる絵本です。大判のビッグ・ブックも出ていますから、皆でコーラスのように声をあわせて読むコーラル・リーディングにも向いています。

　チャールズ・G・ショー（Charles G. Shaw）は作家としてだけでなく、詩人そして画家としても活躍した人です。長年ロンドン、パリに居を構えていました。

　この本のオリジナルは1945年に発表された古いものですが、絵にも It looked like....で繰り返される文体にも古さを感じさせません。しかも、空に浮かぶ雲から木や花、アイスクリームを想像するという古今東西でおなじみのテーマです。

　読み聞かせのムードをより盛り上げるために、アートをとり入れてみましょう。

Let's try!

YOU NEED ◀用意するもの

白かブルーのシーツ、裏が白い包装紙、はさみ、ホチキス、古新聞、白い毛糸、ガムテープなど

❶白かブルーの古いシーツを天井から吊し、空に見立てます。

❷雲を作りましょう。包装紙の裏側の白い部分を使います。まず、包装紙を雲の形に切ります。その際、同じ形のものを2枚ずつ切り取ります。

❸その2枚を一組にして、白い部分が表になるように、あとで、中身を詰め込むための口を残して、ホチキスでところどころとじます。

❹中に古新聞紙をちぎって詰め込みます。雲がふくらんでいる感じにできあがったら、詰め込んだ口をホチキスでとじます。

❺雲に穴をあけて白い毛糸を通します。
❻毛糸の端をガムテープで天井に留め、シーツを背景に雲をぶら下げましょう。

演出効果で雰囲気も盛り上がってきました。白い風船を部屋に飛ばすと、ムードもいっそう盛り上がります。子どもと一緒に白い洋服を着てもよいですし、白いスカーフをあしらったり、白い野球帽をかぶったりしてもよいですね。

さて、空を背景にして、ストーリータイムを始めてください。

✓ 小道具を使って盛り上げよう

オルズバーグ（Chris Van Allsburg）作 **"The Polar Express"** では、このような演出はいかがでしょう？

雪がちらちら降っているシーンなら、細かくちぎった紙片を雪に見立てて散らします。

とてもドラマチックな効果を上げるのですが、おうちの中では後始末が大変ですね。私は生徒たちが図書室を出て行く時に、散らかった雪の紙片を皆に拾ってもらいます。

「すごいな、★★ちゃんはあんなにたくさん雪を拾ったよ。」
などとおだてながら、きれいに拾わせます。

エズラ・ジャック・キーツ作 **"Jennie's Hat"** の演出は……。

この本は、帽子好きの女の子の話なので、家にある、ありとあらゆる帽子を出してきて、読み手のあなたも子どもも、そしてぬいぐるみの人形たちにも帽子をかぶせてみましょう。Jennieが憧れたように帽子を花で飾ったり、クリスマスのデコレーションで飾ったりしてもよいでしょう。いろいろ楽しいプロジェクトができますね。

私たちの学校では、帽子の日という日があります。生徒も、教師たちもその日はみな帽子をかぶって学校にやってきます。朝の挨拶の時間に校長はこの **"Jennie's Hat"** を読みます。とてもかわいらしい本です。

"Predict" のところで紹介した、キーツの **"The Snowy Day"** を図書室で読んだあとには、雪の結晶を作ってムードを盛り上げます。物語の世界を再現してムード

を演出することによって、生徒たちに文学の世界にひたってもらいたい、という意図からです。正方形の紙を三角形に小さく何回も折って、ところどころにはさみを入れて広げれば、簡単な雪の結晶のできあがりです。

　ところで、このキーツは絵本で初めてアフリカン・アメリカンの子どもをテーマにした人です。幼い頃、アフリカン・アメリカンが多く住むニューヨークのブルックリンで育ったキーツは、アフリカン・アメリカンの絵本が１冊もないというのは不自然だ、と感じたそうです。

　エリック・カールの *"The Very Busy Spider"* の時には、毛糸でクモの巣を作ってのりで貼ったり、綿を引き伸ばして大きなクモの巣を再現したりすることができます。どれもこれも、ひとつの作品の中に生徒たちをより深く導き楽しんでもらおうという試みです。

✪ **Story corner づくりにぴったりのブックリスト**
Goodnight Moon by Margaret Wise Brown & Clement Hurd (Harpercollins Juvenile Books)
It Looked Like Spilt Milk by Charles G. Shaw (Harpercollins Juvenile Books)
Jennie's Hat by Ezra Jack Keats (Harpercollins Juvenile Books)
The Polar Express by Chris Van Allsburg (Houghton Mifflin Co)
The Snowy Day by Ezra Jack Keats (Penguin USA)
The Very Busy Spider by Eric Carle (Putnam Pub Group)

Ⅵ 「どうして？」と考えながら読んでみよう　●critical thinking

✓ 「どうして？」と考える思考力——Critical thinking

　物事を分析し批判することを、英語でcritical thinking（批判的思考）と呼びます。

　批判する精神、考える力を養おうという理論です。日頃から折に触れ、鋭い目で物事をとらえていれば、いつか自分の意見をはっきり持った人間に育つであろう、というわけです。親子で意見を交換しながら読み聞かせを進めてください。

　お母さんから質問したり、意見を言ったりしながら、読んでいきましょう。

　「ママは子どもの頃、年上の人に口ごたえしてはいけないと言われて育ってきたけれど、自分の意見を述べるのはよいということがわかってきたの。」
という具合です。

　「絵をよく見てみよう」の回でも触れた（32ページ）、***"No, David!"*** をもう一度例にとって、このcritical thinkingについての説明に入りたいと思います。

✓ Critical thinking——こんなふうにやってみよう

"No, David!"

Let's try!

❶「どうして？」「あなただったらどうする？」と聞いてみよう

　私たちの学校の教師たちは、critical thinkingの訓練にはこんな質問をすることがよい、と常日頃から言っています。

　　＊ "If you were D, what would you do?"（あなただったらどうするかしら？）
　　　と聞き、ここで自分を主人公におきかえて考えさせます。あるいは、

　　＊ "What would happen if you came into the house with muddy shoes on?"（ド

ロのついた靴をはいたまま、おうちの中に入ってきたらどうなるのかしら？）こうしたら、こうなる、というconsequences（結果）を考えさせるような質問にもっていくのです。
「どうしてデイビッドがしていることを悪いと思うの？ あなただって絵を見て笑っていたでしょう。あなただったら、どうするかしら？」
と、子どもに聞いてみましょう。子どもからはこんな意見が出てくるでしょう。
「家で野球をしたら、物がこわれるよ。当たり前だよ。」
「おなべを叩いたら、うるさいよ。おなべは料理に使うものだもの。」
自分の経験から、あるいは常日頃大人たちに言われていることを、得々として答えてくれるのではないでしょうか。

子どもの意見を聞いた後に、
❷ **視点を変えて考えてみよう**
「でも、デイビッドのようにおなべをがんがん叩くのではなく、コップに水を入れて楽器遊びをするのは、いたずらではないのよ。いくつかのコップに水を入れて、水の量をいろいろ変えてみると、いろいろな音が出るのよ。ドレミファの音が出るの。今度やってみましょうか。」
などと視点を変えてみることも教えて、その子独自のcreativeな考えを出せるように導いてあげましょう。

❸「どうして？」「何のため？」か考えよう

"Why?"（どうして？）あるいは、もっとつっこんで "What made you say that or think that?"（どうしてそういう意見があなたから出てきたのか、話してくれる？）と質問してみましょう。

Critical thinkingを養うには、考えさせたいポイントにもっていく質問の仕方が大切です。

基本的な質問としては、why（なぜ）, what（何が）, when（いつ）, where（どこで）, who（誰が）, の5wにhow（どのように）の質問をすればcritical thinkingにつながる、というのが教師間での定石となっています。

デイビッドが食事をしているページでは、こんなふうに聞いてみましょう。
「お料理されたものがお皿に盛ってあれば、それは何のためかしら？」
Why（なぜ）につながる質問形態です。
子どもはこんなふうに答えるでしょう。
Because（なぜなら）で始まるような

「栄養のあるものを食べるため。」
「強い子に育つため。」
などの解答が出るような質問をしてみてください。
「そう、しっかり食べて栄養をつけて育っていくためね。だから、お皿の上に用意された食べ物で遊んではいけないのね。でも、お野菜を使って工作をすることもできるわね。じゃがいもが身体でいんげんが腕ね。いつか工作をしてみましょう。」

どうしてデイビッドがやっていることが悪いのか、理由を聞いてください。その理由（を考えること）がcritical thinkingであり、そこからさらにcreativeな考えを生み出せるように、導いてあげましょう。この本はあまりに楽しいのでアハハと笑ってハイそれで終わり、になってしまわないように。

✔ 何が問題だったの？　を考えてみよう

"Heckedy Peg"

　ドン・ウッド（Don Wood）のイラストによる ***"Heckedy Peg"*** は、光を駆使した美しい油絵を鑑賞しているような美術の世界にひたれる絵本です。

　奥さんのオードリー・ウッド（Audrey Wood）が書いたストーリーも、ことのほか楽しいものです。

　7人いる子どもたちの名前は一番上の娘がMonday、次がTuesdayと続き、一番下の子どもの名前はSundayとなっています。ですから、私は曜日の名称を復習させる時にもこの本を使っています。ストーリーはちょっと長いのですが、やさしい単語で読みやすいと思います。

　見知らぬ人にドアをあけないこと、火をさわってはいけません、と言い置いて出かけていったお母さんの言葉を聞かず、ついついgold（金）に目がくらんだ子どもたちは、魔女の罠にかかってしまいます。子どもたちは大丈夫かな。お母さんの言

いいつけをついつい破ってしまった子どもたちが、ひどい目にあうお話です。

Let's try!

Critical thinkingを養うために、読み聞かせの途中でproblem（問題）を起こした箇所に来たら、次のように質問をしてみましょう。

❶「何と言っていたかしら？」

「The mother（お母さん）は、何と言っていたかしら？」

この質問は、what（何）の質問です。

❷「誰？」

「A stranger（見知らぬ人）には〇〇してはいけない、と言っていたわね。でも、ついうっかりと見知らぬ人を家の中に入れてしまったのは、誰かしら？」

Children（子どもたち）という答えが出るかしら。

❸ Reinforcement（強調）しよう

読み聞かせている時に、子どもたちが破ってしまった掟の箇所にきたら、ここぞとばかりに深刻な顔で促したり、声を高くするなどreinforcement（強調）してみましょう。子どもにここは大切なところなのだ、ということを伝えてくだ

さい。

　また、ひとこと付け加えておきたいのは、冠詞についての注意です。7人の子どもたちのお母さん、つまり特定のお母さんですから the mother になります。また、「見知らぬ人にドアをあけてはいけませんよ。」と一般的に見知らぬ人をさしているので a stranger になります。日本人にとってこの冠詞の使い分けが一番難しいところです（かく言う私にとっても冠詞は頭痛の種）。このような冠詞の使い分けも幼児の頃から感覚で覚えられるとよいですね。

✓「テーマは何か」を考えてみよう

"Little Red Riding Hood"

　誰でも知っている、***"Little Red Riding Hood"***（赤ずきん）の物語を例に取ってみましょう。

　"Little Red Riding Hood" のお話はいろいろな人が再話していますが、"Don't talk to any strangers."（見知らぬ人とお話をしてはいけません）は、どの ***"Little Red Riding Hood"*** を読んでも共通しているテーマです。

Let's try!

　Problem（問題）はどこで起こったのでしょうか。考えてみましょう。

❶「登場人物Aは登場人物Bに何と言われたかしら？」

　「Little Red Riding Hoodは、the motherに何と言われたかしら？」

と聞いてみましょう。これはwhatの部分を強調するなら、何と言われたかしら？　という質問になります。でもwho（誰）が誰にということを強調するのなら、whoの質問に変わりますね。

　この物語は、Little Red Riding Hoodが "Don't talk to any strangers." を守らなかったばかりにできたお話です。英語ではこう言うのよ、とフレーズを言って

あげてください。

❷「〜は誰かしら？」

「この本のthe strangerは、誰かしら？」

と聞いてみましょう。Who（誰）の質問です。

❸「この本が私たちに教えようとしているのは何かしら？」

「この本のlesson（教訓）は何かしら。何を私たちに教えようとしているのかしら、何をしてはいけないよというご本なのかしら？」

と、テーマについても話し合ってください。

　私は、Harriet Ziefertの再話による **"Little Red Riding Hood"** を使って子どもたちに読み聞かせをしてみました。

　この本は、Penguin USAから出版されているPuffin Easy-To-Readシリーズのレベル1に収められています。レベル1に収められている本は、同じ単語が数回繰り返し出て来たり、ストーリーを理解するためにイラストが手助けしたり、小さい子どもたちでも理解しやすいように工夫されています。対象はプリスクール（幼稚園入園以前の3〜4歳児）から小学校1年生までです。

　このシリーズは、レベル1から始めて、だんだんと難しいレベルに移っていけます。しかも、安価なペーパーバックなので、私たちの学校では同じタイトルの本を20冊ほど揃えて、教科書としても使っています。

✓ 主人公の気持ちを考えてみよう

"Cinderella"

　The stepmother（まま母）と the stepsisters（義理の姉妹）は、華やかなthe ball（舞踏会）に行くのに大はしゃぎ。でも、Cinderella（シンデレラ）は家で掃除をしていなければなりません。

Let's try!

❶「あなただったらどうするかしら？」

"Pretend you were Cinderella. What would you do?"

あなたがCinderellaだったらどうするかしら、と子どもに問いかけてみましょう。もちろん日本語で問いかけてよいのです。

不幸にして自分が楽しい場所に出席できない時、子どもはどのようにしてそのつらい時を乗り切るのでしょうか。これも主人公を自分に置き換えて考えてみる訓練です。

❷「あなただったらどんな○○をしてみる？」

The witch（魔法使い）が出てくるお話ですから、fairy tales（おとぎ話）の世界を空想していろいろな魔法を想像しても楽しいですね。そして、こんな質問もしてみましょう。

"If you were a fairy godmother, what kind of magic would you use?"

あなただったらどんな魔法を使うかしら？

子どものcreativity（創造性）が、このような場面で大いに発揮されることでしょう。

ここでご紹介するCinderellaは、Walt Disney（ウォルト・ディズニー）製作の作品です。

アニメーションだからと文学価値を疑う方もいらっしゃるかもしれませんが、幼児向けの出版物を扱う分野においては名をなしているRandom House（ランダムハウス）という出版社から出ている本です。しかもSuper Earlyと銘打ってあり、まだ読み書きを知らないpre-reader向け、完全なる初心者向けです。

Critical thinkingのみならず、ページごとに数をかぞえる練習も忘れずに。

「馬さんは何頭いるかな。One, two, three, four, 4頭ね。」

などと数えながら、12時まで進んでください。

その他にも、覚えやすい基本的な単語がいっぱい出てきます。Pre-reader向けの本は、出てくる単語をイラストがきちんと表現しているだろうか、そんなことも絵本の選択にあたって考慮にいれてください。

Critical thinkingを養うための質問はこんな形式（パターン）のものがあります。
＊「どうして○○は△△をしたと思う？」
 "Have you ever wondered why she/he did that?"
＊「あなただったらどうするかしら？」
 "What would you do?"
＊「△△をしなかったらどうなったかしら？」
 "What would happen if she/he did not do that?"

もっといろいろな質問形式がありますが、最初は上のような基本的な質問から始めてみましょう。

✪ Critical thinkingにぴったりのブックリスト
Heckedy Peg by Audrey Wood & Don Wood (Harcourt Inc)
Little Red Riding Hood by Harriet Ziefert & Emily Bolam (Penguin USA)
No, David! by David Shannon (Everest Pub)
Walt Disney's Cinderella : Cinderella's Countdown to the Ball by Heidi Kilgras (Random House Childrens Pub)

第2章

英語の絵本で遊ぼう

［第2章］英語の絵本で遊ぼう

　さあ、英語の絵本の読み聞かせには慣れたでしょうか。

　英語の絵本といっても、多種多様なものがあります。その本で扱っているテーマによって、身につけられる英語も異なります。

　そこで、第2章ではテーマ別に本を紹介します。ここでももちろん、英語になじみのない日本の幼児でも楽しめるようなわかりやすい本、しかも子どもにアピールする明解なイラストが描かれているもの、ということを念頭において選択しました。そしてこれらの本は、アメリカでの国語（英語）教育で成果をおさめているものです。

1 英語のリズムを楽しもう　　rhyming

✔ Rhymingとreadingの関係

　Rhymingの意義は、同じ音を繰り返すことによって創られるリズム、だと言えます。そのリズムを幼児の読書世界に取り入れることによって、抵抗なく読ませ、かつ書かせることができる、という一つのテクニックです。

　私の学校のスピーチ・セラピスト（子どもの発音に注意し、発音を教える先生）に、言語の世界におけるrhymingが果たす役割について聞いてみました。

　Barbara De Spainというこの教師は、図書館で本を売るbook fair（ブック・フェア）の度に、rhymeの本を買うのです。なぜrhymeを非常に大切に考えているのか知りたい、という単純な動機から彼女に質問し、読書とrhymeの関わりがいかに強いか、ということをたっぷりと聞かされました。ぜひ、紹介したいと思います。

　彼女によると、「Rhymingは、同じような音で終わる単語を幼児に繰り返し聞かせることによって、幼児の耳を訓練するのに最適な方法である。」ということです。

　Rhymingを使って、一つのsyllable（シラブル、音節）から他のシラブルを聞き分けさせます。Auditory process（聴覚発達段階）に、rhymingなどを用い丁寧に訓練しておくと、文字を目にした時に「あっ、この音は聞いたことがある、こう発音するのだな、これは最後の音が違うな。」と手助けをしてくれるそうです。しかも読むことが苦手である子どもたち（struggle readers）の背景を探ってみると、幼児期にrhymingの訓練をたっぷりとしていなかった、というリサーチの結果も出ているそうです。

　Rhymeで耳を慣らし、sight wordで目を慣らしながら、英語の世界に入っていくのがよいということですね。

[第2章] 英語の絵本で遊ぼう

✔ 子どもの人気のrhymeの本

　さあ、rhymeの絵本を開いてみましょう。
　63ページに、使いやすいrhymeの本のリストを載せました。リストを参考にrhymeの絵本を選んでみてください。
　Rhymeの本としては、**"Goodnight Moon"** やおなじみドクター・スース（Dr. Seuss）の **"Hop on Pop"**、そして昔から語りつがれ、歌いつがれてきている **"Mother Goose"** などが子どもにはなじみやすいでしょう。
　Barbara De Spainの説明で、韻をふむrhymeの重要性がわかってきました。私はただ、リズミカルな楽しさに子どもが乗ってくれるから「これはいい！」と思っていました。単純な動機だって大切なのですよ。とにかく子どもには楽しみながら学ばせなければならないのですから。

　"Goodnight Moon" は何回も子どもに読んでいると、そのうち子どもは空で覚えてしまう、という話を何人かのお母さんたちから聞きました。その静かなムードが幼児の心を安らかにさせ、リズミカルなrhymeの世界へと誘いこんでいくのでしょう。
　この本を図書室で声を落として静かに読み始めると、生徒たちはシーンと静まりかえります。英語を知らない日本の幼児たちに読み聞かせをした時にも、同じ反応でした。やはり、絵本の名作と言われるだけのことはあります。

　ドクター・スースの **"Hop on Pop"** も、簡単なrhymeがユーモラスに紹介されています。
　幼児はユーモラスなものが大好き。この本は、The SIMPLEST SEUSS for YOUNGEST USE（幼児でも楽しめる一番簡単なスースの本）と表紙に記されています。幼児にはこの本から、ということでしょう。この本はRandom Houseという出版社から発行されており、Beginner Booksシリーズの一つです。

Beginner Booksシリーズは、イラストの楽しさと言語のおもしろさを巧みに組み合わせることによって、幼児の読書を手助けしようという意図でまとめられたものです。シリーズの本を選定したのは、ドクター・スースを中心とする教師や読書指導のスペシャリストたちが結成した、読書指導のリサーチ・グループです。

　Beginner Booksシリーズの本には、同じロゴが表紙の右上に印刷されています。ドクター・スース作の **"The Cat in the Hat"** に登場するネコのイラストの周りを "I CAN READ IT ALL BY MYSELF, Beginner Books" という文章で囲んだロゴです。それを目印に本屋さんで探してみましょう。

　この他、Random HouseではSTEP into Reading、Penguin USAはLevel 1から読者の英語レベルごとに分けられだんだんと難しくなっていく本を出版しています。これらは、絵本が英語（国語）の教材として使われる傾向が強くなってきていることを示しています。出版社なりの工夫なのです。

✔ Rhymeを強調して読んでみよう

　何世代ものイギリスやアメリカの子どもたちの口から口へと伝えられ、長い間親しまれている **"Mother Goose"** の一つを例にとって子どもと遊んでみましょう。

　"Mother Goose" は、いろいろなイラストレーターによって解釈されユニークな絵で表現されています。やさしくてわかりやすいのはリチャード・スキャリー（Richard Scarry）のもの、皮肉っぽいイラストのジェイムズ・マーシャル（James Marshall）のものといろいろです。

　"Mother Goose" には古典的な言いまわしのものもありますから、読みやすく、しかも文章の読解をイラストが手助けしてくれるようなわらべ歌を選んでください。子どもに絵本を選択させてもよいですね。

"Best Mother Goose Ever" ── ①

　スキャリーの **"Best Mother Goose Ever"** の中から、やさしい、おやすみなさいの時に口ずさむのによいものを例に取ってみます。

Star light, star **bright**,

First star I see **tonight**,

I wish I may, I wish I **might**,

Have the wish I wish **tonight**.

Let's try!

❶ 子どもに読んであげましょう。

太字の部分はrhymeになっていますから、強調して読んでください。

❷「なにか気づいたことは、ないかしら？」

Bright, tonight, might, そしてtonightはみんな最後が同じ音を繰り返し、韻をふんでいるということに子どもは気づきましたか。

❸ 気づかないようなら、「これとこれがrhymeになっているわね。」と注意を促します。Bright, tonight, might, tonightと声を出してリズミカルに言えるようになるまで練習してみましょう。Rhymeにだんだん慣れてくると私の生徒たちは、「あっ、rhymeになっている。」と叫んでくれます。

"Best Mother Goose Ever" ── ②

"Best Mother Goose Ever"の中からもう一つおなじみのPeter, Peter, Pumpkin...を見てみましょう。

Peter, Peter, Pumpkin **eater**,

Had a wife and couldn't keep **her**,

He put her in a pumpkin **shell**,
And there he kept her very **well**.

「まあ、妻をかぼちゃの中に閉じこめるですって。女性を尊敬していないわ。」
なんて言わないでください。"**Mother Goose**"には結構残酷なものもあります。そのような意味ではグリム童話と同じです。でも、ここでは昔から語りつがれてきたrhyme遊びの素材として使っていただきたいと思います。

Let's try!

❶ まず、子どもに読み聞かせましょう。
読んだ後、太字の部分を子どもと一緒に発音してみましょう。
❷「どこがrhymeになっているかわかったかな？」
と聞いてみましょう。
始めの2行のeaterとherは同じ音で終わっています。そして3行目と4行目のshellとwellも同じ音で終わっています。

子どもが気づけるように、ゆっくりとrhymeを強調しながら読んでみましょう。子どもが気づかなかったら、教えてあげてください。どこが韻をふんでいるか、気づくことができたら大いにほめてあげましょう。

こうして韻をふむことによって生まれる、ゴロのよいリズムを楽しむのがrhyme

です。リズム溢れるrhymeは、幼児を本の世界に導いていくのにぴったりです。

　Rhymeは耳から聞くもの、覚えるものです。

　おばあちゃんが赤ちゃんに"Pat-a-cake, pat-a-cake, baker's man"と歌いながらあやしている時に、赤ちゃんは綴りなどわかりません。いいリズムだなあ、と思って聞いているのです。それがrhymeのおもしろさなのです。リズミカルにrhymeを唱えているうちに、英語の音に慣れることができます。

✔ 縄跳び（jump-rope）歌にもrhymeがいっぱい

　子どもの頃、友だちと二人で跳んだり、朝授業が始まる前にクラスの友だち全員とグループで跳んだりした縄跳びの楽しさは忘れられません。アメリカでも始業前のパトロールの時間に子どもたちが縄跳びをしているのを見ると、これまたとても楽しそうです。

　絵本から少し離れますが、アメリカの文化表現には欠かせないbubble gumの歌で縄跳びをしてみましょう。

Bubble gum, bubble gum, chew and **blow**.
Bubble gum, bubble gum, scrape your **toe**.
Bubble gum, bubble gum, tastes so **sweet**.
Get that bubble gum off your **feet**!

　　　　　　　blowと**toe**
　　　　sweetと**feet**がそれぞれrhymeになっています。

リズムにあわせて縄跳びをしてみましょう。

時にはrhymeが含まれた英語の歌で、時には日本語のわらべ歌で、それぞれのリズムの違いを比較してもおもしろいものです。私が子どもの頃は、

「…いの字が大好きで、いちまんいっせん、いっちょうおく、いっちょう、いっちょう、いっちょまめ、おくらにおさめて、2ばんめにわたした。」

という歌にあわせて跳んだものでした。これもゴロがいいですね。

✓ Rhymeを作ってみよう

 "Goodnight Moon" やberryで終わる *"Jamberry"*、そして基本的なrhymeを羅列した *"Hop on Pop"*、そして *"Mother Goose"* などを読み終えたら、絵本の中から、rhymeを探してrhymeのペアを作ってみましょう。

例えば、ants(アリ)の絵を見たら、antsのrhymeを考えてみましょう。

63ページのリストでrhymeが載っている本をめくって、antsのrhymeを探すのもよいでしょう。また、アルファベットの表を見ながら、antsの前にアルファベットを置いて考えてみましょう。abcからpまでできたらpants、wならshe wantsのwants、でいかがでしょう。

Rhymeは、リズムに乗って歌うように唱えてみましょう

アリさんはantsね。Pantsをはいていないわね。

＊＊＊＊＊＊＊＊＊＊＊＊

ネズミさんはmouseで、住んでいるのはhouse(家)ね。

＊＊＊＊＊＊＊＊＊＊＊＊＊

Bearはクマさん。Pearは洋なし。Care bearはクマさんのお世話。

＊＊＊＊＊＊＊＊

こうしたrhyme遊びをすると、自然に英語の単語を覚えることができます。

私の学校では、各教室にアルファベットが必ず貼ってあります。ことあるごとに教師たちは、アルファベットの文字を指さし、発音させています。

　私の生徒たちはよく、"See you later, alligator!" とか "Daisy, you're crazy!" とか、言いながら遊んでいます。とても楽しそうですよ。

✪ **Rhyming のブックリスト：**

　Rhymeの本は、数えたらきりがない程あります。私は以下のものを選んでみました。あなたはどんなrhymeの本がお好きでしょうか。

　名作といわれる **"Goodnight Moon"** から、同じ綴りで意味が違う言葉を集めた **"See the Yak Yak"**、これはhomonyms（同音異義語）の本ですが、rhymeのお仲間にいれましょうか。もちろん **"Mother Goose"** などいろいろです。

名作と評価の高いクラシック：
Goodnight Moon by Margaret Wise Brown & Clement Hurd (Harpercollins Juvenile Books)

基本的なrhymeの本：
Hop on Pop by Dr. Seuss (Random House Childrens Pub)

マザー・グースいろいろ：
James Marshall's Mother Goose by James Marshall (Farrar Straus & Giroux)
The Real Mother Goose by Blanche Fisher Wright (Scholastic Paperbacks)
Best Mother Goose Ever by Richard Scarry (Golden Books Pub Co Inc)

ベリーのrhymeがいっぱい：
Jamberry by Bruce Degen (Harpercollins Juvenile Books)

Rhymeを絵の中から探すスパイごっこのrhymeの本：
Each Peach Pear Plum by Janet Ahlberg & Allan Ahlberg (Penguin USA)

チベット産のやぎ（yak）がペチャクチャおしゃべり（yak）：
See the Yak Yak (Early STEP into Reading, Preschool & Kindergarten) by Charles Ghigna & Brian Lies (Random House Childrens Pub)

Rhymeの縄跳び歌コレクション：
Anna Banana-101 Jump-Rope Rhymes by Joanna Cole & Alan Tiegreen (Harpercollins Juvenile Books)

11 何色か言えるかな？　　　　colors

✓ 一つの色が何回も出てくる絵本から読んでみよう

　幼児には、「赤という色は、英語でredと言います。」ということから始めなければなりません。日本語もまだ十分でないこの時期です。英語の単語も次々にたくさん覚えるのではなく、redならredの単語が頻繁に出てくる絵本を読んで単語に慣れることから始めましょう。次に紹介する **"Red Is Best"** が、その目的にぴったりです。

　色の名前を英語で言えるようになってきたら、色がたくさん出てくる絵本へと移っていきましょう。

"Red Is Best"

　キャシー・スティンソン（Kathy Stinson）が書いた **"Red Is Best"** は、赤が大好きな女の子のお話です。赤のミトンに赤の髪かざり、赤のブーツに赤いお帽子、なんでもかんでもredでなければいけません。この本をとりあげてみましょう。

Let's try!

❶ この本の読み聞かせをする前に、
「今日はredの日です。Redの色がついている物を何でもいいから身につけて、ストーリー・コーナーに来てください。」
と、子どもに呼びかけて用意してもらいましょう。

❷「Redが何色かわからない。」という子どもには、教えてあげましょう。ただし、「Redは赤色よ。」と直接教えてしまうのではなく、赤い色のも

のを指して、

「Redはこの色よ。何色かな？」

と子どもに聞いてみましょう。「赤だ。」と答えたら、大いにほめてあげましょう。

❸ さて、子どもたちの準備はできたでしょうか。

赤いソックスでも、赤い縞のシャツでも、運動靴に赤が少し入っているだけでもよいのです。Redがどこかに入っているものを子どもが身につけて用意ができたら、読み聞かせを始めましょう。

アメリカ人はすぐ乗っちゃいますから、ムードづくりが上手です。Creativity（創造力）に長けています。最近は日本の男の子でもredを着こなしてくれますから、大丈夫ですね。

この本はカナダで出版された本です。パジャマはpyjamasと綴られていますが、アメリカやイギリスではpajamasと綴ります。Mittensはmittsと呼ばれます。お国柄が出ていておもしろい部分です。

✓ Redが出てくる絵本いろいろ

ポール・ギャルドン（Paul Galdone）が書いた、おなじみのfolk tale（民話）の **"The Little Red Hen"** もredを覚えられる絵本です。

何を頼んでも"Not I,"と怠け者のthe cat, the dog, the mouseに言われ、"Then I will,"と言いながら一生懸命に働いたthe little red henのお話です。Redが何回も出てきますから、すぐにredという単語を覚えてしまいます。

赤ずきんちゃんの **"Little Red Riding Hood"** も忘れないでくださいね。

赤いフード付きのケープを着ている女の子のお話で、その名もLittle Red Riding Hoodと言うのですから。

その他には、redという単語は出てきませんが、イアン・ファルコナー（Ian Falconer）作の **"Olivia"** がおすすめです。

　全体はグレーなのですが、1ページごとに赤い色が、Oliviaという主人公のブタちゃんの洋服や背景に使われて、色どりを添えています。

　「Oliviaが着ている洋服の色は何色？　Oliviaの水着の色は何？」
と聞きながら読み進んでください。Redという答えが返ってきましたか。

　この作品は、2000年のカルデコット（Caldecott）賞の銀賞（Honor Book）として選ばれています。まだ比較的新しい本なので、ペーパーバックは出版されていませんが、近いうちに出版されることでしょう。そうしたら、お値段も安くなり、買いやすくなります。

✔ 出てくる色を英語で言ってみよう

"Is It Red? Is It Yellow? Is It Blue?"

　タナ・ホーバン（Tana Hoban）作の **"Is It Red? Is It Yellow? Is It Blue?"** は、日常生活を色で表現している写真集です。いわばwordless book、つまり言葉がひと言もありません。この本を使ってみましょう。

Let's try!

❶ それぞれのページの写真を見ながら、
　「何色と何色がこのページにはあるかな？　英語で答えてね。」
　と、子どもに問いかけましょう。
　英語で言えない時は、日本語で答えてもらってよいのです。英語の名前を教えてあげましょう。

❷ 本の写真を見終わったら、日常生活の中にある色を、覚えたての英語で言ってみるゲームに発展させてみましょう。
　家の中では、今日着ている洋服の色、テーブルの上にある果物の色、カーテンの色など、また、家の外では、車の色、信号の色など、

「あれは何色かな？　英語で答えてね。」
と、問いかけてみましょう。

この本では、道ばたのゴミの色まで観察します。ゴミ一つひとつにも色があることを子どもと話し合ってください。

✔ 色を作って遊んでみよう

"Mouse Paint"

　エレン・ストール・ウォルシュ（Ellen Stoll Walsh）作の **"Mouse Paint"** は、白いネズミたちが、red, yellow, blueの3色のペンキで遊んでいるところから始まります。

　赤い（red）ペンキのビンに入って赤く染まったネズミが、黄色（yellow）のペンキだまりで遊んでいると、あれあれ？　オレンジ色（orange）ができました。

　黄色（yellow）く染まったネズミが、青（blue）のペンキだまりに入ると、今度は緑色（green）になりましたよ。

　青い（blue）ネズミが赤とまぜあうと、なんと紫色（purple）ができました。

　Primary colors（基本色）からsecondary colors（等和色あるいは混色）までの色の話を、ネズミの遊びを通して説明する、かわいらしい色のレッスンの絵本です。この本では、たくさんの色の名前を覚えられます。

Let's try!

◀用意するもの

水彩絵の具（red・yellow・blue）、透明なプラスティックカップ6個、水、かきまぜるための棒など

❶ Red, yellow, blueの水彩絵の具を、それぞれ1色ずつプラスティックカップに入れましょう。入れながら、子どもに色の名前を英語で言ってもらうのを忘れずに。

「それは、何色の絵の具かな？」

❷ カップに水を注ぎ、棒でかきまぜてよく溶かしましょう。ネズミたちのようなペンキだまりができたかな。

❸ 何も入っていないプラスティックカップに、redの色水を半分注ぎ入れましょう。

❹ ❸のカップにyellowの色水を半分加えましょう。

「何色になったかな？」

子どもに英語で答えてもらいましょう。Orangeと言えたかな。

❺ 同じように、yellowの色水とblueの色水を、また、blueの色水とredの色水を混ぜて、子どもに問いかけてみましょう。Greenとpurpleと答えられたかな。

子どもにもできる簡単な実験です。Red, yellow, blue, orange, green, それにpurple. ずいぶんいろいろなcolorの単語を覚えましたね。

✔ 色は身近なものと関連づけて覚えよう

種類別（category）にしていろいろな色を覚えるのも一つの方法です。
例えば：
① 動物の色と関連付けて色を覚えるなら：
エリック・カールとビル・マーティンの **"Brown Bear, Brown Bear, What Do You See?"** を使ってみましょう。
聞いては答える、question and answer式の抑揚のリズムで、子どもは難なく色の名前と動物の名前をセットで覚えてしまいます。
あるいは、レオ・レオニ（Leo Lionni）作 **"A Color of His Own"** がよいでしょう。
Black penguin（黒いペンギン）
White rabbit（白ウサギ）など、動物ばかりをいろいろな色で表現しています。

② 花の色と関連付けて色を覚えるなら：
"Planting a Rainbow" を参考にしてみましょう。
いろいろな色の花が満載。目を奪うような明るい色彩の本です。

Purple pansy（紫色のパンジー）
Red poppy（赤いけしの花）など。

③野菜、果物で色を覚えるには：

ロイス・エイラト（Lois Ehlert）作の **"Eating the Alphabet"** が、参考になります。

Green beans（緑色のいんげん）
Blue blueberry（青いブルーベリー）など。

④洋服や身につけるもので色を覚えるなら：

"Mary Wore Her Red Dress and Henry Wore His Green Sneakers" が役に立つでしょう。

セーターの色、リボンやシャツの色、と子どもと遊びながら、色に親しんでいけます。

Brown pants（茶色のズボン）
Black belt（黒いベルト）など。

電車から見える物の色、歩きながら目に入る色、色を覚える機会はいくらでもあります。生活の中で、気楽に、楽しく英語のレッスンをしてください。

「あら、きれいな紫陽花が咲いているわ。あの色はpurpleだったわね。○○の絵本で見たネコちゃんの色と同じね。」

などと、絵本を思い出させると、いっそう本に対する愛着も深まるでしょうし、絵とのつながりを持ちながら英語を覚えるのに役立つはずです。子どもは、視覚でものを覚えるvisual learnerが多いのです。かく言う私も visual learner の一人です。

色について、いろいろな本が出版されていますので、次ページでご紹介します。この他にもいろいろありますが、使いやすい本を選んでみました。

✪ **Color がテーマのブックリスト：**

1色ずつ覚える：

red	*Olivia* by Ian Falconer (Simon & Schuster)
	Red is Best by Kathy Stinson & Robin Baird Lewis (Firefly Books)
	The Little Red Hen by Paul Galdone (Houghton Mifflin Co)
yellow	*Curious George* by Margaret Rey & H. A. Rey (Houghton Mifflin Co)
green	*Green Eggs and Ham* by Dr. Seuss (Random House Childrens Pub)
purple	*Harold and the Purple Crayon* by Crockett Johnson (Harpercollins Juvenile Books)
pink	*Little Pink Pig* by Pat Hutchins (Harpercollins Juvenile Books)

Primary Colors（基本色）を混ぜ合わせる色遊びの本：

Mouse Paint by Ellen Stoll Walsh (Harcourt Inc)
Color Dance by Ann Jonas (Harpercollins Juvenile Books)
Little Blue and Little Yellow : A Story for Pippo and Other Children by Leo Lionni (Harpercollins Juvenile Books)

色を動物にたとえて覚える：

Brown Bear, Brown Bear, What Do You See? by Bill Martin Jr & Eric Carle (Henry Holt & Co)
A Color of His Own by Leo Lionni (Bantam Doubleday Dell Pub)

その他：

Is It Red? Is It Yellow? Is It Blue? : An Adventure in Color by Tana Hoban (Harpercollins Juvenile Books)
Mary Wore Her Red Dress and Henry Wore His Green Sneakers by Merle Peek (Houghton Mifflin Co)
Planting a Rainbow by Lois Ehlert (Harcourt Inc)
Moo Moo, Brown Cow by Jakki Wood & Rog Bonner (Harcourt Inc)
One Lighthouse One Moon by Anita Lobel (Harpercollins Juvenile Books)
Red Leaf, Yellow Leaf by Lois Ehlert (Harcourt Inc)
Eating the Alphabet :Fruits and Vegetables from A to Z by Lois Ehlert (Harcourt Inc)

Ⅲ 今日は何曜日？ · days of the week

✓ 曜日の入った歌を歌ってみよう

絵本の読み聞かせに入る前に、まず、ウォーミングアップです。

Sunday	日曜日
Monday	月曜日
Tuesday	火曜日
Wednesday	水曜日
Thursday	木曜日
Friday	金曜日
Saturday	土曜日

これらの曜日を、メロディーにあわせて覚えてみましょう。

Days of the Week

Sun - day, Mon - day, Tues - day, Wednes - day,
Thurs - day, Fri - day, Sat - ur - day

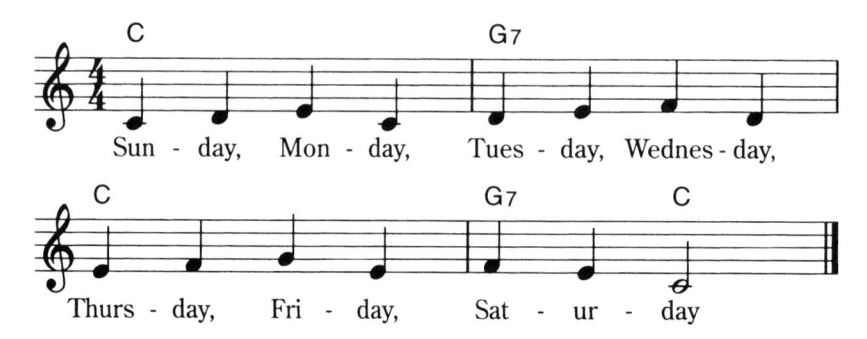

✓ 曜日ごとに一つのパターンを繰り返す本

● **"The Very Hungry Caterpillar"**

曜日を覚えるにあたって、幼児に一番使いやすいのはおなじみの **"The Very Hungry Caterpillar"** です。

Mondayはappleを1つ食べました。Tuesdayにはpearを2つ…というように数が増える度に、紙面が大きくなっていくなど、幼児の興味を引くようにいろいろな工夫がされています。

● *"May I Bring a Friend?"*
　かなり古い本ですが、カルデコット賞を受けたベアトリス・シェンク・ド・レニエルス（Beatrice Schenk de Regniers）作 *"May I Bring a Friend?"* は、調子のよいリズムが耳に心地よいようで、私の生徒たちは喜びます。
　曜日ごとに繰り返されるpatternが覚えやすく、何曜日にどんな動物を連れてくるのか、子どもの期待を大いにそそります。ただイラストが細かい線画であることと、色彩が地味です。それを補うためには、読み聞かせにリズムと抑揚をたっぷりつけてください。文章も詩のように短く切れていて、リズムをつけやすく書かれています。幼児の気をひく、そんな工夫が大切だと思います。その点に注意すれば、幼児にも楽しんでもらえます。

　ちなみにこの本はリズムのよさから、ドラマ化しやすい本です。
　数年前ですが、女王役になった3年生の女の子が、大きな紙で作った扇子を優雅に動かしながら、気取って "Oh, my dear, my dear..." なんて言っていたのを懐かしく思い出します。この台詞は、女王が毎回新しい友だちを連れてくることに対して、王様が女王に意見を言う時に、"My dear, my dear..." と使うのです。でも、女の子に言わせた方が合うだろうな、と思った私の勘はぴったり。女王役の女の子は気取りに気取って、"My dear, my dear..." と高貴な女王のごとく、紙で作った即製の扇子をたおやかに使って言ってくれたのでした。

[第2章] 英語の絵本で遊ぼう

● *"One Lighthouse One Moon"*

　アニタ・ロベル（Anita Lobel）作の *"One Lighthouse One Moon"* は、灯台に住む女の子の飼いネコが曜日、月、四季、数を順々に紹介してくれます。

　それゆえ、ちょっと欲張っているような感じを受けますが、それぞれの項目が明解に表現されています。女の子が履いている靴と靴下の色が曜日ごとに変わっていきます。活字も大きくはっきりとした印刷で、幼児が単語をsight wordとしてとらえながら、覚えていくのに適した絵本です。

　同じSundayという単語でも、絵本の印刷の扱いによって違ったものに見えることがあります。

　印刷の色や単語の大きさ、書体の違いで、子どもには別の単語として見えることがあるので、他の本の文字と比較してみてください。目に慣れさせるために、いろいろな本のSundayやMondayを見せてあげましょう。英語でも筆記体の文字と活字体の文字と全然違って見えますね。いろいろなスタイルの文字に慣れてもらいましょう。

✓ 1週間のおやつ計画を考えてみよう

"Eating the Alphabet"

　歌や絵本で英語の曜日には慣れましたか。

　今度は *"The Very Hungry Caterpillar"* が1週間に食べたスナックにならって、MondayからSundayまでのスナック・タイム計画を子どもと一緒に立ててみ

ましょう。

"Eating the Alphabet" を使ってみましょう。

Let's try!

◀用意するもの

"Eating the Alphabet" の本、画用紙数枚、クレヨン

❶それぞれの曜日の頭文字を、濃い色で画用紙に書かせます。

MondayならMとだけ書かせましょう。でも、子どもが「Mondayと全部書きたい。」と言うなら、「まだ無理よ。」などと言わずにチャレンジさせてあげてください。

❷Mで始まる食べ物を *"Eating the Alphabet"* の中から探してみましょう。ABCD…と一緒に言いながら、Mのページをめくってください。

この本は、幼児が描いたような子どもっぽい明るさに溢れたイラストです。子どもがなじんでくれること請け合いです。

Mondayならmで始まるものばかりを集めているページから、Tuesdayならtのページから、栄養のある果物や野菜のスナックを選ばせます。

[第2章] 英語の絵本で遊ぼう

❸ Mの文字で始まる食べ物を選んだら、その絵を画用紙にクレヨンで描きましょう。

❹ できあがった絵を冷蔵庫に貼って、その食べ物を英語で発音してみましょう。日頃からABCに慣れさせることも大切です。難しく考えないで、楽しいこの本を参考にしてください。

❺ おやつの時間が近い時には、家の中を探して、その日の曜日の頭文字で始まるスナックを"The Very Hungry Caterpillar"のように食べちゃいましょう。スナックが見つからない時も、食べたつもりで絵にかじったあとをつけましょう。穴あけパンチを用意しておけば大丈夫。

それでは、こんなふうに子どもに働きかけてみましょう。

＊＊＊＊＊＊＊＊＊＊＊＊＊

Monday（月曜日）—Milkを飲みます。

　Mの日です。Mで始まるのはmango（マンゴー）やmelon（メロン）ね。家には、mangoとmelonがあるかな？　なかったら、何かMで始まるものがないか冷蔵庫の中を探してみましょう。あっ、milkがあった。他にも何かあるかな。

　Milkだけでは"I am still very hungry."です。

　画用紙にMondayのMを濃い色のクレヨンかマーカーではっきりと書きましょ

う。MはMondayのM、milkそしてmelonのMでもあります。

　MilkやmelonのMの絵を描きましょう。

　Melonの絵に穴あけパンチで穴をあけてみましょう。Caterpillarがかじった穴に見えるかな。でもmilkに穴をあけてcaterpillarが入っていくことはできませんね。Milkがこぼれてしまってもいけません。

＊＊＊＊＊＊＊＊＊＊＊＊＊

Tuesday（火曜日）―Toast（トースト）と tomato juice（トマト・ジュース）の日。

　TuesdayはTの日です。TuesdayはTuesと4文字書きましょう。字を4つも書かなければならなくて大変ね。

　これは略しているのだよ、ということを示すためにピリオドを後につけます。ピリオドは黒く塗りつぶした点。Tues. できましたか。どうしてこんなことをするのかしら。同じTで始まるThursdayが後にくるからです。TuesdayとThursdayとがこんがらからないようにするためです。

　さあ、Tで始まるスナックはどんなものがあるかな。Tomatoとtangerine（みかん）はどうかしら。Turnip（かぶ）もあるけれど、スナックというより、お料理した方がいいかな。おうちに食パンがあったら、Tで始まるtoastにしましょうか。「私はtea（お茶）を飲みたいけれど、＊＊ちゃんはtomato juiceがいいかしら？」食べ終わったら、お口のまわりをtissue paper（ティッシュ・ペーパー）でふくのを忘れないでね。

　画用紙にTues.と大きく、はっきりと書いたら、tomato, toastそしてteaなどの

絵を描きましょう。Tomatoには穴をあけちゃいましょう。

＊＊＊＊＊＊＊＊＊＊＊＊＊＊＊＊

Wednesday（水曜日）—Watermelon（すいか）を買いに行きます。

　WednesdayはWで始まります。Wと大きく画用紙に書けましたか。

　Wで始まるスナックにはwatermelonがあります。＊＊ちゃんは好きかな？ Waffleも大好物だったわね。そういえばwedding cakeが残っていたわね。Whipped creamにはカロリーがありすぎるかな。Watermelonを食べてからにしましょう。"I am still very hungry."なんて言わないでね。

　さあ、watermelonやwedding cakeのお絵描きです。絵を描きあげたら、これはwatermelon、これはwedding cakeと英語で言ってみましょう。

＊＊＊＊＊＊＊＊＊＊＊＊＊＊＊＊

Thursday（木曜日）—おうちにtunaの缶詰がありました。

　また、Tの日ですね。Thursdayはちょっと発音が難しいです。上と下の歯の間から舌を出し、thの発音です。でも、子どもはおもしろがってすぐに覚えるでしょう。

　Tuesdayと同じTで始まります。TuesdayはTuesと4文字書きましたが、今度

はThursと5文字書きましょう。略しているのだよ、ということを示す黒く塗りつぶした点、ピリオドを忘れずに。

　Tで始まるスナックには、tangerine（みかん）がありましたね。でも、tuna（ツナ）の缶詰がおうちにあるから、ランチはtuna sandwichにしましょうか。食パンをtoastにして、その上に薄く切ったtomatoを乗せましょうね。そしてtunaです。おいしそうなランチですね。

　「＊＊ちゃんはthe very hungry caterpillarより栄養のあるものを食べているわね、caterpillarはたくさん食べたら何になったかしら？　あなたは丈夫でhealthyなよい子になってね。」

　Tにはいろいろな仲間がいて、どの絵を描くか迷ってしまいますね。

＊＊＊＊＊＊＊＊＊＊＊＊＊＊＊

Friday（金曜日）—fig（いちじく）がお庭にあるかしら。

　週末が近くなってきました。FridayはFの日です。Fと書きましょう。

　Fで始まる果物にはfig（いちじく）がありますね。アメリカ人が大好きなFrench friesは、日本ではフライド・ポテトと呼ばれているのね。ミルクと卵をたっぷりつけたFrench toast（フレンチ・トースト）も栄養があります。それともこの日はfruits（果物）なら何でもいいことにして、好きな果物の絵を描いてもらってもよいですね。

＊＊＊＊＊＊＊＊＊＊＊＊＊＊＊

Saturday（土曜日）—Sならやっぱりstrawberry（いちご）かな。

　嬉しい週末がやってきました。Saturdayの次にSundayと続きますね。面倒だけ

ど3文字書いてもらいましょう。Satそしてピリオドを忘れないでね。Sat.と画用紙に書きましょう。

　Sで始まるものは…。あっstrawberryがおいしい季節ね！　おうちにあったかな。でも、残り物のsoup（スープ）やsalmon（鮭）、spaghetti（スパゲティ）があれば、それを食べた方がいいかな。缶入りのsardine（いわし）も栄養たっぷり。Sandwichにしてもいいなあ。パパが好きな食べ物の絵を描いてみようか。Sで始まる食べ物だということを忘れないでね。

　　　　　　＊＊＊＊＊＊＊＊＊＊＊＊＊＊＊

Sunday（日曜日）─パパと一緒に新鮮なサラダがいい。

　Sundayです。画用紙にSun.とピリオドも入れて、大きく書きましょう。

　Sのスナックは品切れです。新鮮なsaladはどうかしら？　Spinach（ほうれん草）も入れましょうか。ママもパパもお疲れ様、たっぷりビタミンCをとってね。Saladの絵を描きましょう。

　できあがった作品は、曜日ごとに冷蔵庫に貼り、朝起きたら「今日はMondayよ。」などと気軽に英語を日常会話に入れながら、子どもと楽しく英語に慣れるようにしてください。遊びの気分で楽しく、です。

✪ **Days of the week のブックリスト：**

曜日、数、果物の名前、青虫からチョウチョになるまでのライフ・サイクルなどいろいろなことが学べる本：
The Very Hungry Caterpillar by Eric Carle (Putnam Pub Group)

リズム感を楽しむ曜日の本、色彩が少し地味：
May I Bring a Friend? by Beatrice Schenk De Regniers & Beni Montresor (Simon & Schuster)

曜日、1月から12月まで、数などがAnita Lobelの目を見張るようなイラストで紹介。ここでは曜日の部分を強調してください：
One Lighthouse One Moon by Anita Lobel (Harpercollins Juvenile Books)

Dinosaur（恐竜）好きな子どもに。曜日ごとに違ったdinosaurが出てくる。最後にdinosaurのglossary（小辞典）の紹介も：
Dinosaur Days by Linda Manning & Vlasta Van Kampen (Stoddart Pub)

果物、野菜のABCの本、明るい色彩が目をひく。曜日の本ではないが、様々な用途に使える：
Eating the Alphabet: Fruits & Vegetables from A to Z by Lois Ehlert (Harcourt Inc)

IV 数をかぞえてみよう — counting

✓ 子どもと一緒にかぞえながら読んでみよう

数の絵本として、ナンシー・タフリ（Nancy Tafuri）の **"Who's Counting?"** と、パット・ハッチンス（Pat Hutchins）の **"1 hunter"** を選んでみました。

どちらも明るい色彩と明解なイラストです。こんなふうに問いかけながら、読み聞かせを進めましょう。

"Who's Counting?"

Let's try!

左のページに、squirrel（リス）の尻尾が大きく描かれているところを開いて、子どもと一緒にじっくり見ましょう。

❶「Squirrelが何匹いるかしら。1匹ね。1はoneよ。」
　1のことを英語でoneと言うことを教え、一緒に言ってみましょう。

❷「リスの他にも動物がいるね。何がいる？　何匹いる？」
　タイトル・ページに出ていた犬が1匹、葉っぱの向こうに見えます、気がつくかな。また一緒に、oneと言ってみましょう。

"1 hunter"

Let's try!

❶「Elephant（ゾウ）は、何頭いるかしら？　2頭ね。One, two. twoよ。」
　2のことをtwoと言うことを教え、一緒に言ってみましょう。

❷「長い足が木の後ろに見えているけれど、動物の名前は何でしょう。Predictできるわね。キリンですって？　ページをめくってみましょう。キリンだったわ。キ

リンは giraffe. Giraffe と言えるかな。One, two, three. キリンさんが3つ、3頭ね。3は英語で何だったかな？」

3のことを three と言うことを教え、一緒に言ってみましょう。

子どもとかぞえながら、英語の数に慣れていってもらいましょう。One, two, three, four…と一緒に声を出してかぞえることで、子どもを participate（参加）させることを忘れずに。

✔ Sight Word として覚えちゃおう

大きな紙に、黒いマーカーで数字を、赤いマーカーで数を spell out したものを書きましょう。

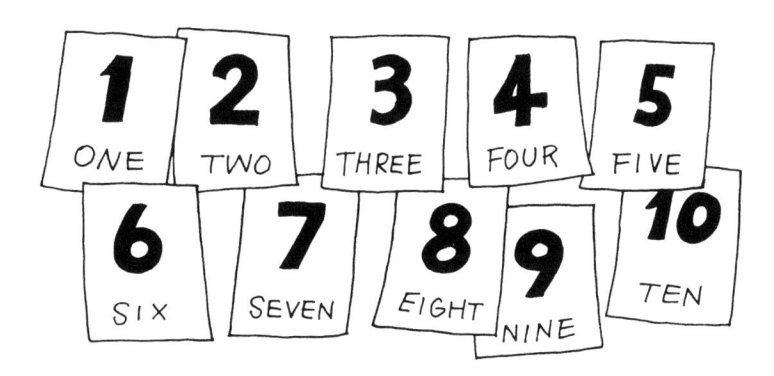

1を指して one と読ませます。2を指して two、3なら three と読めるまで、繰り返して子どもに読んでもらいましょう。見てすぐに読めるようになったら、しめたものです。Sight word として覚えられた、ということです。

✔ もっとたくさんかぞえてみよう

"Anno's Counting Book"

日本人作家 Mitsumasa Anno（安野光雅）の **"Anno's Counting Book"** は、かなり手のこんだ counting book です。

見開きの左ページにはブロック、右ページにはいろいろな物が描いてあり、数が増えるに従って、ブロックもいろいろな物もその数だけ登場します。1のページではブロックが1個、そして、いろいろな物もひとつずつ、3のページなら左ページにブロックが3つ、右ページには3つの建物、3つのチューリップ、3艘(そう)の船、チョウチョが3羽、子どもが3人描かれています。

Let's try!

❶ 3のページを開いて、左ページを見ながら、

「One, two, threeのページね。ブロックもthreeね。」

と3の英語＝threeとブロックの数＝3をしっかり見て確認しましょう。

❷ 右ページに描かれた物と数を一緒に確認しましょう。

「3つの建物、three buildings．3つのチューリップ、three tulips…他に、threeの物はあるかな？」

子どもと一緒に数えながら読み進んでいきましょう。ページごとに数える物がたくさんあるので、repetition（繰り返し）によって数をマスターするのによい本です。

　また、この本はoneからtwelveまでカレンダーの月をそれぞれ表現して絵が描かれている、という意外性もあります。Oneからtwelveまでだんだんと数が増えるごとに季節感が出てきます。子どもはいつ気がつくかな。

✔ かぞえながら遊んでみよう

"Ten Apples Up On Top!"

　ドクター・スース作 **"Ten Apples Up On Top!"** は、前述のBeginner Booksのひとつです。この本の表紙には、75word vocabularyと書かれています。初心者向けの75個の単語が使われている、ということです。調子のよいリズムとゲーム性もあり、数をかぞえる遊びにぴったりの本です。

Let's try!

◀用意するもの

画用紙、クレヨン、赤い紙、はさみ

❶ 読み聞かせを終えた後に、トラ、ライオン、犬のどれか1匹を選んで絵を描いてもらいましょう。

❷ りんごに見立てて、赤い紙から10個の円を切り取ります。（描いた動物と比べてりんごが大きすぎないように、大きさを決めましょう。）

❸ "One apple up on top!" "Two apples up on top!"
と唱えながら、赤いりんごに見立てた円を、動物の頭の上に、唱えた数だけ乗せてみましょう。
慣れてきたら、お母さんが乗せたりんごの数にあわせて、子どもに唱えてもらってもよいでしょう。動物の名前も英語で言ってみましょうね。

✓ Rhymeを使ったかぞえ歌で遊ぼう

"Mother Goose"

マザー・グースは、もとをたどればフランスの2人の女王クイーン・バーサスが幼児に語って歌ったnursery rhymes（わらべ歌）である、という説があります。口承で伝わってきたものだけに、それも定かではありません。でも、もとはフラン

ス語だったなんておもしろい説ですね。

　Nursery rhymesは、幼児に歌って聞かせる子守り歌であったり、時には手合わせやゲームに使う歌であったり、いろいろな用途に使えます。

　どの"**Mother Goose**"の絵本でもよいのですが、"One, two, buckle my shoe"というかぞえ歌で遊んでみましょう。

Let's try!

❶ One, **two**, buckle my **shoe**;

　Twoと**shoe**がrhymeになっています。rhymeを意識して唱えましょう。

　（ここで、くつのひもを結ぶふりをしてくださいね。）

❷ Three, **four**, knock at the **door**;

　Fourと**door**がrhymeになっています。

　（ドアをノックしている身ぶりをしましょう。）

❸ Five, **six**, pick up **sticks**;

　Sixとrhymeになっているのは**sticks**です。

（棒切れをひろっているふりをします。）

❹ Seven, **eight**, lay them **straight**;

　Eight と **straight** が rhyme になっています。

　（棒切れを一生懸命に並べているふりです。できますね。）

❺ Nine, **ten**, a big fat **hen**.

　Ten と **hen** が rhyme です。

　（太っためんどりの真似をしてみましょう。）

＊（　）内は、このrhymeを唱えながら行う動作です。

誰でも知っている身ぶり、手ぶりなのです。イラストを参考に自分でも工夫して、少しオーバーにやってみましょう。

もう一度、かぞえ歌のrhymeを復習しましょう。

One, **two**	shoe
Three, **four**	door
Five, **Six**	sticks
Seven, **eight**	straight
Nine, **ten**	hen

このように、rhymeの部分を書き出してみましょう。

まずtwoとshoeが韻をふんでいますね。同じ音の（u:）で終わっています。

「Twoとshoeが同じ音で終わっているでしょう。これがrhymeよ。2行目のfourとdoorも同じ音で終わっているわね。やっぱりrhymeになっているわね。」と説明しましょう。

「Sixとsticks。最後の音が同じね。Eightはstraight、8本の棒をstraightに並べているでしょう、言ってごらんなさい、eightとstraightよ。似ているわね。Tenとhen（めんどり）。両方ともenで終わっているでしょう。」
と、一つひとつイラストのナンバーとrhymeを指さして説明してあげてください。

✔ 10から逆にかぞえてみよう

"Roll Over!"

1から10まで、英語で言えるようになりましたか。

今度は、歌を歌いながら10から1までの数を反対に数えていく、マール・ピーク（Merle Peek）の **"Roll Over!"** を使ってみましょう。

大きな数から小さい数へと減っていく、引くという概念を幼児期に歌いながら学ぶことができます。さあ、読み聞かせを始める前に、ten, nine, eight, seven, six, five, four, three, two, one, と、逆にかぞえる練習をしておきましょう。

　"*Roll Over!*" は、わらべ歌のようなcounting song（数え歌）です。マール・ピークは、ろうそくのともしびの黄色に映し出される10匹の眠そうな動物を、幼児になじみやすく描いてくれました。

　さあ、10から数がだんだん少なくなっていきます。

Let's try!

❶ "10 in the bed" では、子どもと一緒に10本の指をひろげてみせましょう。

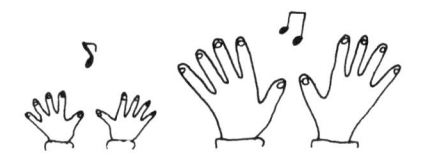

❷ "ROLL OVER!" の繰り返しの部分では、両手のこぶしを握ったままクルクルとまわしてみましょう。

　こうした動作に子どもを参加させると、子どもはお話に乗りやすく、集中させることができます。幼児の注意力を惹きつけるには、あの手この手が必要ですね。

❸ "They all 〜." では、子どもと一緒に身体を傾けて、roll over的に落ちていくふりをしましょう。リズムにあった身ぶり手ぶりを、子どもと一緒に工夫しても楽しいですね。

❹ "One fell 〜."

「誰か落ちたよ。誰が落ちたのかな？」と子どもに聞いてみましょう。

「サルだ。」という答えが出たら、

「サルは、英語では何ていうのでしょう？　そう、monkey よ。」と英語を確認しましょう。

❺「ひとり落ちたから、ベッドに残っているのはいくつ？」

9本の指を見せて、答えは子どもに言ってもらいましょう。うまく答えられなかったら、one, two, three, と子どもに誘いかけて一緒に数えましょう。「そうnine ね。」

❻ Nine のページを開きましょう。9の数字がブルーになって、月の光の色に変わりましたね。"ROLL OVER!" の❷の動作と、"They all〜" の❸の動作は、繰り返してください。

❼ 8のページにいく前に、「次の数は何かしら？」と predict（推測）します。
10と9の指を折り、8本の指を見せて手助けしましょう。どんどん数が減っていきます。子どもは慣れてきましたか。

90　[第2章] 英語の絵本で遊ぼう

この本は、3色しか使っていません。眠れぬ夜の暗がりにともったろうそくの炎の黄色、窓から入ってくる月の光のブルー、そして白です。
　「色はこの3つしか使ってないのよ。」と、絵本を様々な観点から見る一つの例として教えてもよいですね。

✔ Counting bookいろいろ

● *"Ten, Nine, Eight"*

　これはカルデコット賞の銀賞（Caldecott Honor）を受賞した、おやすみ前の静かなcounting backの本です。

　パパに抱かれたアフリカン・アメリカンの女の子が、眠りにつくまでベビーベッドのまわりにあるものを、10から数えて1まで目で追っていきます。

　まず始めのページでは、女の子の黒い足の指が大写しで出てきます。それがとてもダイナミックな感じでハッとします。人種の違いという事実に強烈に触れる思いです。Multicultural（多文化）の本として紹介してください。アフリカン・アメリカンの肌の色、他の人種について子どもに説明するよい機会です。

　「いろいろな違った肌の人がいるのよ。みんなパパがいてママがいるの。でも、それぞれの人種にはいろいろ違った習慣があるの。お互いにわかりあって仲良くす

ることが大事なのよ。」

　絵本を通じて、いろいろな人に会えますね。

● ***"The Father Who Had 10 Children"***

　妻が亡くなったのか、離婚したのか、事情はともあれ、父親が男手ひとつで10人の子どもたちを育てている話です。現代社会の子育てを、陽気な色彩とシンプルなイラストで紹介してくれます。

　作者のBénédicte Guettierは、ヨーロッパでは名の売れた絵本作家です。この本でアメリカの絵本業界にデビューしました。

　「ジーンズは、a pair ofと数えるのよ。どうして10 jeansとは言わないで、10 pairs of jeansと言うのかしら。ふたつでひとつ、対になっているものは、普通 a pair ofと数えるのよ。靴やソックスもa pair of shoes, a pair of socksね。でもこの頃パパは忙しくて対ではない、ばらばらのソックスを履いているわね。ペアどころではないのよ。」
と、かぞえ方の違いにも触れておきましょう。

　「パパはボートに乗って、一人で船旅に出てしまったわ。どうして一人なのかな。10人の子どもたちはどうしたのかしら？」
と、私は学校で読み聞かせの折に聞いてみました。"He was tired of his 10 kids."（10人の子どもたちに疲れきってしまったんだよ）という答えが返ってきました。

　Kidは、childにあたるアメリカ英語です。日常会話のなかでchildより愛着をこめて使います。そのことにも触れてあげましょう。

　パパがすっかりクタクタになった様子が、イラストから私の生徒たちにも手にとるようにわかるのです。パパがボートの上で寝そべっているページでは、
　「パパは10人の子どもたちを懐かしがっているかな？」
とたずねれば、"No, no."と訳知り顔をして答えてくれます。

　数だけではなくいろいろな事に触れられます。"Where is their mother?"（お母さんはどこにいるの？）とたずねた生徒もいました。

表紙をめくると下着のパンツや子どものソックスで埋められているページ、ピンクの車、クリームを使うフランス料理、手書き風の読みやすい文字など、シャンソンを聞いているような楽しい本です。

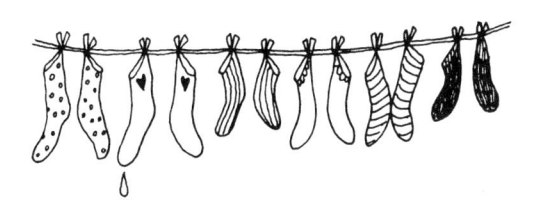

✪ Countingのブックリスト：
1 hunter by Pat Hutchins (Harpercollins Juvenile Books)
Anno's Counting Book by Anno Mitsumasa (Harpercollins Juvenile Books)
The Father Who Had 10 Children by Bénédicte Guettier (Penguin USA)
Ten Apples Up On Top! by Dr. Seuss (Random House Childrens Pub)
Who's Counting? By Nancy Tafuri (Harpercollins Juvenile Books)

Counting back（数を逆にかぞえていく）の本：
Roll Over! a Counting Song: by Merle Peek (Houghton Mifflin Co)
Ten, Nine, Eight by Molly Bang (Harpercollins Juvenile Books)

Rhymeと数の本：
Best Mother Goose Ever by Richard Scarry (Golden Books Pub Co Inc)
This Old Man by Carol Jones (Houghton Mifflin Co)

Ⅴ 身体の名前を英語で言ってみよう······ body parts

　赤ちゃんが言葉を話すようになると、アメリカのママたちは、
「ここはnoseよ。Mouthよ。Hands! Pat-a-cake, pat-a-cake, baker's man...」
などと単語を教えながら、手遊びを教えます。日本でも「おつむてんてんてん」などとわらべ歌を歌いながら、幼児に言語を教えていくという同じような習慣がありますね。

　ここでは、絵本を読んで体操しながら、あるいは味覚や視覚という観点から身体の部分の名前を覚えたり、または指遊びをしながら指の名前を覚えたり、いろいろなアイデアをご紹介したいと思います。

　身体の部分の名前を覚えていくのに、ぴったりな絵本をいくつか選んでみました。参考にしてください。

✔ 体操の本で身体を動かそう

"From Head to Toe"

　エリック・カールの体操の本、***"From Head to Toe"*** は頭から足のつま先までを使っての体操の本です。運動のお時間です。

Let's try!

❶ Penguin（ペンギン）, zebra（シマウマ）, monkey（サル）たちが出てきて、身体の部分を使ってこんなことできるかな、と子どもに聞きます。
　その都度、backやhipなど、出てくる身体の部分を繰り返しながら読みましょう。

❷ さあ、できるかどうかやってみましょう。
　お尻をふってみたり（wriggle your hip）、ひざを曲げてみたり（bend your

knees)、子どもと一緒に身体を動かしてみましょう。

　Wriggle や bend などの単語にも、徐々に親しんでもらえればよいですね。

❸ 一つの動作ができるたびに、

　"Can you do it?" と子どもに聞き、"I can do it!" と子どもに答えてもらいましょう。これを繰り返しながら楽しく遊びましょう。

　"I can do it." と言わせることで、子どもに自信をつけさせることを意図した本でもあります。身体の部分を使いながら、一緒に体操していきましょうね。そして大いに自信をもたせてあげましょう。

Let's try!　……身体の全体像を描いてみよう

YOU NEED ◀用意するもの

大きな画用紙、マーカーかクレヨンなど

❶ 本を読み終えたら、大きな画用紙に身体全体の絵を描いてみましょう。

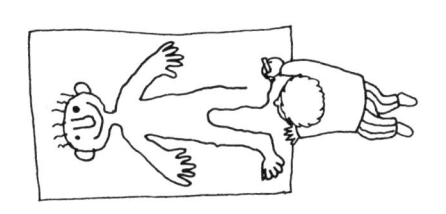

❷ 絵ができあがったら、身体の部分を一つひとつ指さしながら、子どもにこんなふうに問いかけてみましょう。

「頭は何て言うのかしら。英語で答えられるかな？」

「Head!」

「腕はどう言うのか覚えている？」

子どもがヒントをほしがっているようでしたら、こんなふうに誘いかけてみて

ください。
「腕はa〜」
「Armだ！」
という答えが返ってくるかしら。

✓ もっともっと身体を動かそう

"Clap Your Hands"

ロリンダ・ブライアン・コーリー（Lorinda Bryan Cauley）が、ことのほか楽しい *"Clap Your Hands"* の話にイラストも添えて、アクションたっぷりの幼児向きの本を製作してくれました。

Let's try!

腕をふったり、舌を出したり、お腹をさすったり、でんぐりがえりをしたり、読みながらアクションたっぷりの本です。

子どもと一緒にイラストの動作を見ながら、身体の部分の単語と、どう動かすのかを学んでいきましょう。

❶ Stick out your tongue なら、子どもと顔を見合わせて、舌を出しましょう。
❷ Somersault で、でんぐりがえりをしましょう。
❸ Crawl で床の上を這ってみましょう。

と、こんな具合です。できましたか？　幼稚園のクラスの生徒を引き連れてきた先生は、途中でばててしまいましたよ。

Move, wriggle, wiggle, どれも動かすという意味です。

94ページのwriggleは、身体をくねくねさせるような動作です。一方、wiggleはまゆげを上下に動かしたり、鼻をピクピク動かしたり、もっと小刻みな動きですね。

笑った後は、しかめっつらをしてみましょう。A smileからa frownです。

いろいろな身体の部分を使って、単語を遊びながら覚えるのに最適の本です。私の生徒たちにとても受けています。お天気のよい日は外に連れ出して思いっきり腕をのばしてairplaneのようにfly!

本を読みながら、子どもと一緒にイラストの動作を見て、身体の部分の単語をどうアクションさせるのかを学んでいきましょう。

✓ 指の名前を言いながら指遊びをしよう

"Piggies"

性格の違う子ブタさんたちが、1本1本の指の上で表現する、四季折々の生活の

様子を指遊びを通して描いた本です。

　指遊びは、幼児の手の運動神経を発達させるのにとてもよいと言われています。ドン・ウッド（Don Wood）が、シンプルでかつ目を見張るような明るい色彩のイラストで描いた "**Piggies**" を、指遊びをしながら読んでいきましょう。

Let's try!

　指遊びといっても、イラストに添って、親指から小指までだんだんに拳を開いていくだけです。

❶ 両手をグーにして準備しましょう。

❷ 最初のページを開いてみましょう。両手の親指に子ブタさんが、一匹ずつ乗っていますね。

　さあ、あなたも子ブタが乗れるように、親指を立てられますか？

❸ 次のページを開くと、今度は両手の親指と人さし指に子ブタが乗っていますよ。

　今度は、親指と人さし指を立てますよ。子ブタが乗れそうかな？

　このような要領で指を開いていきましょう。

　日本では、親指、人さし指、中指、薬指、小指と呼ばれているそれぞれの指の特徴と、乗っている子ブタさんの性格がうまく合っています。その5本の指たちと子ブタたちの毎日は、暑かったり、寒かったりといろいろです。汚れている日もありますよ。

　"**Piggies**" に出てくる指は、みんなあだ名で呼ばれていますが、本当は英語で何と言うのでしょう。5本の指の呼び方をご紹介しましょう。

親指	the thumb
人さし指	the index finger or pointer
中指	the middle finger
薬指	the ring finger
小指	the little finger

中指は、日本語と同じ「真ん中の指」という意味ですね。薬指は主に、左手の薬指をこのように呼びます。左手の薬指に指輪（ring）をしていたら、子どもに見せて教えてあげてくださいね。「だからthe ring fingerと言うのよ。」と。

Let's try!　……手の形を描いてみよう

◀用意するもの

画用紙、えんぴつ、マーカー

❶ まず、両手を開いて画用紙の上に置いてもらいましょう。両手のだいたいの位置を決めます。

❷ 手の形を片方ずつえんぴつでなぞってください。子ども一人で取り組ませてみましょう。

❸ 両方の手をなぞることができましたか。利き手でない手にえんぴつを持ってなぞるのは、少し難しかったかもしれませんね。

❹ お気に入りのマーカーで、えんぴつでなぞった手の形を上からなぞってみましょう。右手と左手を違う色にしてみましょうか。

❺ 手形を見てみましょう。まず右の親指と左の親指をさして、英語では何と言うか、子どもに聞いてみましょう。両方の指の一つひとつを英語で言ってみましょう。「人さし指は？　中指は？　英語で何と言いましたか？」

❻ なぞった手形を保存しておいて、折にふれて子どもと見ながら、指の名前を英語で言ってみましょう。

✓ 何のためにあるの？——身体の役割を考えよう

"My Five Senses"

　アリキ（Aliki）作の **"My Five Senses"** は、Let's Read and Find-Out Science Booksという、理科の勉強を身近なお話を通して子どもにわかりやすく説明したシリーズの一つです。こんな風に理科を勉強できたら楽しいなと思わせる本です。

　"My Five Senses" はsee（見る），hear（聞く），smell（においをかぐ），taste（味わう），touch（触れる）というfive senses（五感）の世界に子どもを導いてくれます。アリキのわかりやすい説明と明解なイラストが大いに役立ちます。

Let's try!

　この明解かつ簡潔な絵本を読み聞かせた後は、子どもと一緒にこんな会話をしてみましょう。

❶「Eyesは何のためにあるのかな？」
　「見るためよ。"I see"ね。Eyesは2つあるから、複数のsがついているのよ。」
❷「Earsは何をするのかな？」
　「音を聞くためね。"I hear"だよ。耳も2つあるね。」
❸「Noseは何のためにあるのかな？」
　「においをかぐのね。"I smell"よ。鼻は1つね。」

❹「Tongueは何のためにあるのかな？」

「舌がなければ、おいしいものを食べても味がわからないわね。"I taste"でいろいろな味の違いがわかるのね。」

❺「Fingersは何本もあるからsがついているわ。何をするためにあるのかな？」

「さわるという感触のためね、さわるはtouchというのよ。"I touch"ね。」

身体の名前、働き、複数のsなど学ぶことがいっぱいです。

Let's try! ……五感の表を作ってみよう

◀用意するもの

画用紙、クレヨンやマーカー、新聞、雑誌、のりなど

"*My Five Senses*"の裏表紙を見てみましょう。

裏表紙には、I see, I hear, I taste, I smell, I touch という欄の下に、それぞれを代表する絵が描かれています。私の学校の廊下にも、よく幼稚園児や1年生によって作られた五感の表が貼られています。子どもと会話を交わしながら、下のような表を作ってみましょう。

❶五感の表を作ります。

I see	
I hear	
I taste	
I smell	
I touch	

❷五感それぞれでイメージするものを、子どもに挙げてもらいましょう。

（例）

I see: 庭の花、おやつ

I hear: ポチの鳴き声、ママの使うドライヤーの音、電話のベル

I taste： バナナ、あんみつ、クッキー

I smell： 夕ごはんのにおい、ママの香水、車のガソリン

I touch： ポチの毛、冷蔵庫、ピアノのキー

❸例を挙げたら、それぞれの写真や絵を新聞や雑誌から切り取って貼る、自分で絵を描き込む、などして表の空欄を埋めましょう。Five sensesについての理解を、いっそう深めることができるでしょう。

✓ 複数にも触れておきましょう

「Noseやmouthは1つだけど、handは2つあるでしょう、両方の手という時にはhandsとsがつくのよ。2つ以上の物には、おしまいにsをつけるの」
と説明を加えておきましょう。

「Armは2つでarmsよ。おひざは1つならkneeよ。でも2つなら、kneesなのよ。Bend（曲げる）できるかなあ。やってみましょうか。Handも2つあるからhandsよ。手をたたきましょうか、clap handsよ。『幸せなら手をたたきましょう』は、if you're happy and you know it clap your hands.ここでポンポンと手をたたくのよ。よく歌で聞くでしょう？」

いろいろなアイデアを入れて、楽しく遊んでください。

✪ **Body parts を楽しむブックリスト：**

手をたたいたり、肩の運動をしたり：
Clap Your Hands by Lorinda Bryan Cauley (Penguin USA)
From Head to Toe by Eric Carle (Harpercollins Juvenile Books)

楽しい理科のお勉強の本：
My Five Senses by Aliki (Harpercollins Juvenile Books)

指にあだ名をつけて遊ぼう：
Piggies by Audrey Wood & Don Wood (Harcourt Inc)

身体の部分の名前についてもっと学びたい：
Eyes, Nose, Fingers and Toes- A First Book all about You by Judy Hindley & Brita Granstrom (Candlewick Pr)

第3章

もっと
英語で遊んじゃおう

［第3章］もっと英語で遊んじゃおう

　遊びながら英語が学べたら最高ですね。遊びというのは、幼児の大切な生活体系の一部です。

　ハワード・ガードナー（Howard Gardner）が唱(とな)える multiple intelligences（総合知能）という教育論があります。日本では総合教育の一環としてGardnerの説を取り入れているようです。それぞれの子どもが得意とするものを私たち親や教師が見つけ出し、子どもの秀(ひい)でた特質を伸ばそうという理論です。子どもの好きな遊びの中に何気なく英語を取り入れて、英語に親しんでもらったらGardnerの教育論実施に役立つこと受け合いです。

　第3章では、絵本を楽しんだ後に、絵本から一歩進んだ遊びをしながら、英語に親しむ方法をご紹介します。

1 みんなで遊ぼう！手遊び・仲間遊び　　playtime

　手遊びや指遊びなどは、Gardnerの教育論ではBody/Kinesthetic Intelligenceと呼んでいます。これは、身体そして筋肉がまだ発達していない子どもの運動神経を刺激しながら、学習効果をあげようという理論です。

　縄跳びやrhymeで遊んだ後は、手遊び・指遊びやみんなで遊べる仲間遊びをしながら英語を使ってみましょう。手遊び・指遊びもやはり、**"Mother Goose"** が主流となりますが、他にもいろいろありますよ。

✓ **"Mother Goose"** を使って遊んでみよう

"This little pig went to market"

　"This little pig went to market" を使って、簡単な手遊びをしてみましょう。手遊びというほどのものではありませんが、赤ちゃんの足の指を使う昔から親しまれているnursery rhymeです。足の指をブタちゃんに見立てて、お母さんが赤ちゃんの指を親指から小指まで順々に触っていく遊びです。幼児はまだ足が短いせいでしょうか、よく足の指に触ったりして遊んでいますね。自分の手足に大いに興味がある、その段階によく合った遊びです。

Let's try!

❶ This little pig went to market,
　（このちびブタちゃんは
　市場に行きました）
　まず、親指をつまみます。

[第3章] もっと英語で遊んじゃおう

❷ This little pig stayed home,（このちびブタちゃんはおうちでお留守番でした）
人さし指をつまみます。

❸ This little pig had roast beef,（このちびブタちゃんはローストビーフを食べました）
3番目は中指をつまみます。

❹ This little pig had none,（このちびブタちゃんは何も食べるものがありません）
そして次は薬指をつまみます。

❺ And this little pig cried Wee-wee-wee all the way home,（そしてこのちびブタちゃんはおうちに行き着くまで、エンエン泣きっぱなしでした）
最後は、"wee-wee" と泣き声を出しながら、人さし指と中指を下図のようにスキップさせて、赤ちゃんの小指から胸までタッタッタと登らせてください。あなたの指が上まで登っていくと、たいていの子どもはくすぐったそうに笑いますよ。

"Pease porridge"

Pease porridge hot,（豆スープは熱い）

Pease porridge cold,（豆スープは冷えている）

Pease porridge in the pot,（豆スープはなべの中）

Nine days old,（もう9日目）

Some like it hot,（熱いのが好きな人）

Some like it cold,（冷えたのが好きな人）

Some like it in the pot,（なべに入れっぱなしにしておくのが好きな人）

Nine days old.（もう9日目）

Let's try!

❶ まず、ふたりで向かい合って座ります。

❷ Peaseは、両手をひざに乗せます。そしてporridgeは、両手を前でポンと合わせます。Hotで自分の右手と向かい合っている相手の右手を合わせます。

❸ Peaseとporridgeは❷と同じ動作。Coldで自分の左手と相手の左手を合わせます。

❹ 手を合わせるところで右手と左手を交互にしながら、最後まで繰り返します。だんだん速度を速めてみましょう。

"Ring-a-ring-a-roses"

　Nursery rhymeに合わせて、みんなで手をつなぎ、輪になって遊びます。手遊びではありませんが、お友だち何人かと遊ぶと楽しい歌です。

Let's try!

❶ まず、**"Ring-a-ring-a-roses"** を、楽しく、歩きやすいリズムで読んであげましょう。

　Ring-a-ring-a-roses,（バラの花がまわっているよ）

　A pocket full of posies;（ポケット一杯のポージー）注：意味なしの句

　Hush! Hush! Hush! Hush!（シー！シー！シー！シー！）

　We've all tumbled down.（みんな総だおれ）

❷ それでは、みんなで手をつないで輪になりましょう。

❸ **"Ring-a-ring-a-roses"** を唱えながら輪になって歩き、"tumbled down" のところに来たら、みんなでしゃがみます。

　Rosesとposiesをうまくrhymeにするために、pouzizとrouzizと発音させているものもあります。

　ある日のエピソードをお話しましょう。私の家のお向かいに住んでいるボビーが、tea & cookieに招いてくれました。

　私は、何種類かの **"Mother Goose"** の本を持って行き、ボビーの家に集まってきた子育てのベテランお母さんたちに、**"Mother Goose"** についていろいろ質

問することにしました。即席の **"Mother Goose"** お勉強会です（下写真参照）。

ボビーの持っていたマーガレット・フレイザー（Margaret Frazer）作 **"Reeve's Tale"**（©2000 Robert Hale）という、尼僧のミステリーのあとがきに **"Ring-a-ring-a-roses"** の由来が書いてありました。

中世の時代にペストがはやりました。顔にバラ色の輪（ring around roses）ができて、"atchoo, atchoo"（ハクション、ハクション）とくしゃみをするとペストの症状で、"All fall down." とみんな死んでしまったのです。子どもたちは「ペストがこわい、こわい。」とわらべ歌にしたのだ、と書かれていました。Hushが、時にはatchooとなっている **"Mother Goose"** があるのは、このような理由からなのです。

ボビーの家で会ったおばあさん、お母さんたちは "Ashes, ashes, all fall down" と歌ったそうです。これも伝承文学ならではですね。今では時を超え、子どもたちは幸せそうに歌っています。調子よいリズムでいきましょうね。Ring-a-ring-a-rosesですよ。そしてここでは、Hush! でいきましょう。

"London Bridge is falling down"

Let's try!

日本でもおなじみですね。これも手遊びではありませんが、大勢で遊ぶと盛り上

がります。

❶2人で向かい合って両手をつなぎ、高いトンネルを作ります。

❷"**London Bridge is falling down**" を歌いながら、そのトンネルを子どもたちがくぐっていきます。

❸歌が終わる時にくぐっていく人を、トンネル役の子どもが捕まえます。

　横浜の書店・有隣堂で行った読み聞かせ会で、この遊びをした時のことです。子どもたちは歌の終わり頃になると予感がするのでしょうか、くぐりぬけるのをやめて立ち止まってしまうのです。子どもの勘はすごいですね。

✔ こんな手遊びもしてみましょう

"Where Is Thumpkin?"

　これは "**Mother Goose**" ではありません。"**Where Is Thumpkin?**" の節をご存じでしょうか？　もし、ご存じない場合には指遊びとして楽しんでください。

　アメリカでは、可愛い子ちゃんなどという意味あいをこめて、this pumpkin とか my little pumpkin が、という言い方をします。Pumpkin はかぼちゃですが、thumb（親指）をかぼちゃの umpkin にかけたのでしょう。

Let's try!

❶ Where is Thumpkin?

Where is Thumpkin?
(両手を後ろに隠してください)

❷ Here I am!
(右手を後ろから出してきます。親指を立てて、あとはにぎりこぶしです)

❸ Here I am!
(左手も後ろから出してきます。やはり親指だけを立てましょう)

❹ How are you today, sir?
(右の親指におじぎをさせます)

❺ Very well, I thank you.
(左の親指がおじぎを返します)

❻ Run away,

　（右手を後ろに隠します）

❼ Run away.

　（左手も後ろに隠します）

　できたかな。次はpointer（人さし指）でやってみましょう。それから、tall man（中指）、ring man（薬指）、pinkie（小指）と、それぞれの指を使って、繰り返しましょう。

　私の学校の先生は、うるさくしている生徒がいると **"Where Is Thumpkin?"** と同じ節で、すぐに以下のような替え歌を歌って注意します。

　Who is talking, who is talking?（誰がうるさいかな？）

　Is it you? Is it you?（と、うるさくしている生徒を指さします。この子かな？
　　あの子かな？）

　Time to be quiet, time to be quiet.（静かにする時間よ）

　Shhh! Shhh! Shhh! Shhh!（シー、シー、シー、シー！）

✪ Playtimeに楽しむブックリスト：

＊ *"**Mother Goose**"* は、63ページのブックリストを参考にしてください。

指遊び、ゲームなどを集めた本。カルデコット賞受賞作品：
The Rooster Crows: A Book of American Rhymes and Jingles by Maud Petersham & Miska Petersham (Simon & Schuster)

文の横に手のイラストがあり、わかりやすいMarc Brownによるコレクション：
Hand Rhymes by Marc Tolon Brown (Penguin USA)

指遊びとrhymeの本：
The Eentsy, Weentsy Spider : Fingerplays and Action Rhymes by Joanna Cole & Stephanie Calmenson (Harpercollins Juvenile Books)

写真とイラストで説明してくれる、ママと赤ちゃんの本：
Playtime Rhymes (DK Read & Listen) by Priscilla Lamont (Dorling Kindersley)

⏸ 歌も一緒に歌ってみよう　　　　　　songs

　歌を歌って外国語を覚える——いつの世にも変わらぬ、語学をマスターする一番よい方法のひとつですね。英語の言いまわしを覚えるのにももってこいです。

　昔、日本の大学に在学していた頃、英語の上手な友人がいました。彼女は、英語の歌詞をノートにたくさん書き留め、実にいろいろなポップ・ソングを歌ってくれたものです。彼女は、英語の言いまわしをポップ・ソングから覚えたのでしょうね。

　エザ・トラパニ（Iza　Trapani）は9ページで紹介したように、8歳の時にポーランドからやってきました。そして絵本から英語を学んだと言っても過言ではないくらいに、絵本の世界に没頭していた人です。トラパニは *"Twinkle Twinkle Little Star"* や *"The Itsy Bitsy Spider"* など、子どもに人気の歌の絵本を数多く手がけています。それは「英語に慣れるには、歌から慣れていくのが一番」という、自らの体験にもとづいた幼児への提案なのでしょうね。

✓ わらべ歌に合わせて遊んでみよう

"The Itsy Bitsy Spider"

　アメリカの幼児にはおなじみの、クモの冒険の1日を歌ったわらべ歌があります。トラパニの *"The Itsy Bitsy Spider"* は、その歌をもとにやわらかい水彩画でそよ吹く風やあたたかい日の光までもやさしく表現した絵本です。トラパニの本は、非常に美しいイラストで仕上げられており、歌を歌うのを忘れて絵に見とれてしまいそうです。

Let's try!

❶ まず始めに、左手の人さし指と右手の親指を立てて準備のポーズをしましょう。

❷The Itsy Bitsy Spider...と始めたら、立てた左手の人さし指と右手の親指をまず合わせましょう。続いてすぐ今度は、合わせた左手の人さし指と右手の親指はつけたまま、左手の親指を手前から上に上げて右手の人さし指と合わせます。またすぐに、左手の人さし指と右手の親指を合わせて…を繰り返して、クモが登っていく様子を表現します。

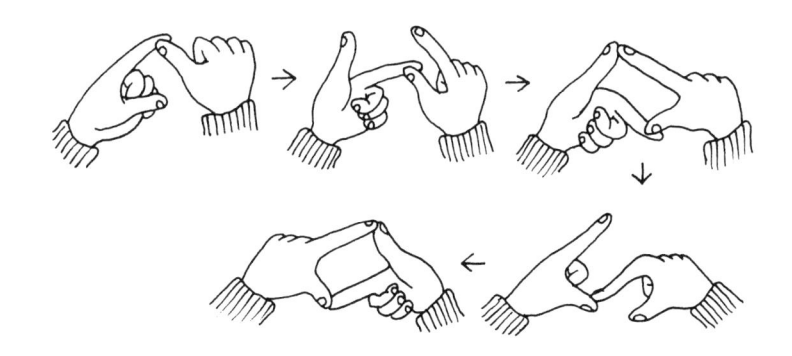

❸Down came the rainで、指を開いて両手をあげ、上から下へ揺らしながら下ろし、雨が降るような動作をしてください。

❹...and washed the spider outで、右手と左手を両方とも斜めに下げ、カタカナのハのような形を作ってください。クモが流されていってしまいました、outの意

[第3章] もっと英語で遊んじゃおう

味を強調するような表現です。

❺ Out came the sunで、頭の上に両手で丸い太陽を作ります。それから❷に戻り、指を使って、再びクモが上がっていくジェスチャーをしてください。

　Trapaniは、6番までクモの苦難の冒険を続けさせます。チューリップの絵が描かれた台所のタイルの上や黄色いバケツ、ロッキング・チェアーといろいろなところに登っていくクモは、扇風機の風に飛ばされそうになったり、ネコに追いかけられたりします。でも最後に木を見つけ、やっとクモの巣を作ってお昼寝です。

　私の家の近くにある公立図書館では、ヨチヨチ歩きの幼児用のストーリー・タイムを週2回 催（もよお）しています。司書は **"The Itsy Bitsy Spider"** を本を持たずに毎回1番だけ歌います。その時司書が、指輪付きの大きなプラスチックでできたクモを左手の指にはめているのです。私も、学校で読み聞かせをする時にあんな大きなクモが欲しいものです。絵本を読むことへのプロモーションになる、おもしろそうな小道具を見つけたら、どんどん使ってくださいね。
　幼児は長い時間本に集中できないので、読み聞かせの間に歌を歌ったり、パペットを使ったりしながら、お話を披露（ひろう）しないと、間がもちませんね。

"Hickory Dickory Dock"

 "*Mother Goose*"（マザー・グース）に必ずと言ってよいほど収められている "*Hickory Dickory Dock*" は、やはりゴロのよさから幼児に人気があります。動作をつけて遊んでみましょう。

Let's try!

Hickory Dickory Dock

Hick-o-ry, dick-o-ry, dock, The mouse ran up the clock, The clock struck one, The mouse ran down, Hick-o-ry, dick-o-ry, dock.

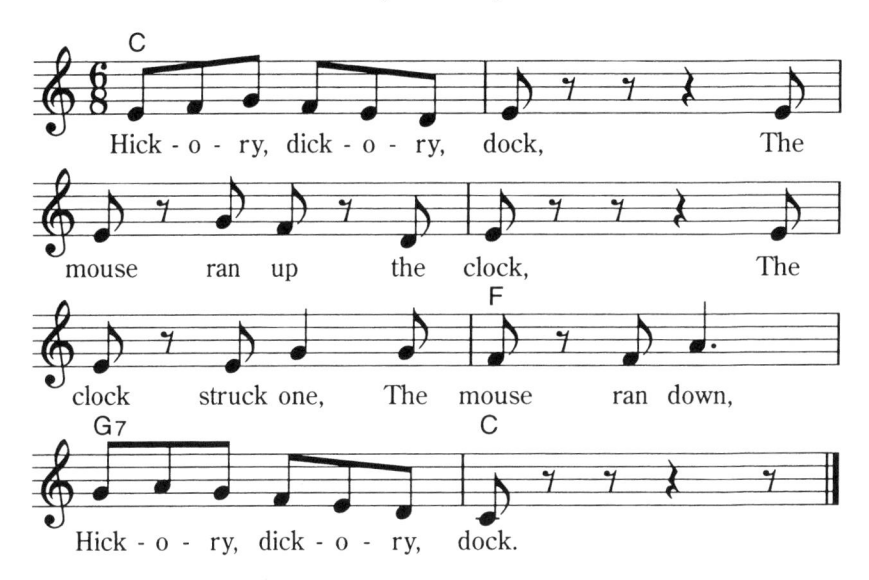

❶ Hickory, dickory, dock,
（両手を合わせます。時計の振り子が左右に揺れているように動かしましょう）

❷ The mouse ran up the clock,
（右手の人さし指と中指を左手首に持ってきます。そして左肩の付け根に向かっ

て、ネズミさんが駆け上がっていくように
　走らせてください)

❸ The clock struck one,
　(勢いよく人さし指1本を見せてください。
　ゴーンと時計が1時を知らせると、ネズミが
　驚いている意味もこめてです)

❹ The mouse ran down,
　(右手の人さし指と中指を、左腕の肩から
　手首に向かって走らせます。ネズミが駆け下
　りていく様子です)

❺ Hickory, dickory, dock.
　(❶の動作の繰り返しです。振り子が揺れている様子を表現します)
　同じように❸で時計が2時、3時と数を増やしていくたびに2本指、3本指を見せて、繰り返し歌ってみましょう。

　この歌では、時計が1時を知らせる（the clock struck one）、ネズミが駆け上がる（the mouse ran up）、ネズミが駆け下りてきた（the mouse ran down）、などという言いまわしを覚えます。そしてmouseにはthe mouseとtheをつけるということ

なども。

　私の生徒たちは、思いっきり1本指を出して、ここぞとばかりに調子をつけて口ずさむのが好きです。あなたの子どもはどうでしょうか。

✓ 身につけているものを歌で表現しよう

"Mary Wore Her Red Dress"

　70ページでマール・ピークの ***"Mary Wore Her Red Dress and Henry Wore His Green Sneakers"*** を紹介しました。テキサス州に古くから伝わっているフォーク・ソングをもとにして、マール・ピークが色の復習にぴったりの本に仕立ててくれたものです。

　この本を参考にして、身につけている洋服、靴、リボン、野球帽などを英語に直し、リズムに乗せてみましょう。

Let's try!

❶ まず今日のドレスの色から：

Mari-chan wore her red dress, red dress, red dress.
Mari-chan wore her red dress all day long.

❷ スニーカーの色は？

Ken-chan wore his blue sneakers, blue sneakers, blue sneakers.
Ken-chan wore his blue sneakers all day long.

❸ ベルトの色は？

Hideo wore his brown belt, brown belt, brown belt.
Hideo wore his brown belt all day long.

Woreはwearの過去形です。英語の場合は、着る、履く、ベルトを締める、など身につける時はwearを使います。便利な単語ですね。

　マール・ピークはあとがきで、歌の文句が長過ぎて、少々節に合わなかったら、ビートを変える等の工夫をするように、と提案しています。ペットにしたり（Mari-chan has a brown dog, a brown dog, a brown dog）、春なら花（I have some red tulips, some red tulips...）、お天気なら（It is raining very hard, very hard...）、などいろいろできますね。歌にすると、ゲーム感覚で英語の単語や言いまわしをマスターできますね。

✔ アクションをつけて歌ってみよう

"The Wheels on the Bus"

　"The Wheels on the Bus" は、アメリカの子どもたちがよく口ずさんでいるなじみ深い歌です。テープ付きの本、ポップアップの本、表紙の車の車輪が動くようになっている本など、いろいろなスタイルで発売されています。

　1番の歌詞は下のようなものです。

The wheels on the bus go round and round,
　　　round and round, round and round.
The wheels on the bus go round and round,
　　　all over the town.

Let's try!

　この歌の楽しさは、round and roundの部分が、2番、3番の歌詞になると別の繰り返し言葉になるところです。バスのワイパーが動いている時は、swish swish swish, swish swish swishと何回も繰り返します。

❶ Swish swish swishの時：
　ワイパーが動いている真似をします。両手を広げてひじを曲げ、右左に一緒に

動かします。ホラ、ワイパーが動いているみたいでしょう？

❷ バスの車掌さんが "Move on back, move on back." と言う時：
右手の親指だけを立ててひじを曲げ、後ろへという動作をします。
❸ 赤ちゃんがwah wah（ワーンワーン）と泣いて困った時：
お母さんが口に人さし指をあてshh shh（シーシー）とするジェスチャーを加えてください。子どもは喜んでparticipate（参加）してくれますよ。

ロザンヌ・リツィンガー（Rosanne Litzinger）が描いた **"The Wheels on the Bus"** の絵本は、バスを手で触ったり、バスのドアを開けたりすることができるので、幼児に喜ばれます。

✿ **Songs**を楽しむブックリスト：
＊ **"Mother Goose"** は、63ページのブックリストを参考にしてください。
The Itsy Bitsy Spider by Iza Trapani (Charlesbridge Pub)
Mary Wore Her Red Dress and Henry Wore His Green Sneakers by Merle Peek (Houghton Mifflin Co)
The Wheels on the Bus : A Musical Pop-up Book by Rosanne Litzinger & Renee Jablow (Millbrook Pr)
ここでは触れなかったけれど、歌って楽しい英語の絵本
Twinkle, Twinkle, Little Star by Iza Trapani (Charlesbridge Pub)

Ⅲ 英語でカルタ遊び　　matching games

　アメリカの教師たちは、教室のlearning environment（学ぶための環境）作りに気を遣います。楽しいlearning environment作りに欠かせないのはゲームです。手作りのゲームもいろいろと教室に置いてあります。

　絵本を利用すると、いろいろなmatching gameができます。Matching gameなんて言うと難しそうですが、カルタのようなものです。例えばAさんが「犬も歩けば」と読むと、Bさんが「棒に当たる」という絵を散らばった絵から選び出す、あの要領でペアを探し出す遊びです。

タイトルのmatching game

Let's try!

YOU NEED ◀用意するもの

　いろいろな色のマーカー（サインペン）、B5サイズくらいの白いカード（または紙）を数枚

　＊幼児の視力、書く時に使う筋肉は、まだ完全に発達していません。始めは、大きな紙を使って、文字や絵を大きく書かせましょう。

❶子ども：赤いマーカーを使って、1枚のカードにCと大きく書きます。

あなた：赤いマーカーを使って、別のカードにCで始まる短い絵本のタイトル、例えばCurious Georgeと書きます。

＊この2枚が1セットとなります。

❷**子ども**：黒いマーカーを使って、また別のカードにOと大きく書きます。

あなた：黒いマーカーを使って、別のカードにOで始まる短い絵本のタイトル、例えばOlivia Countsと書きます。

❸**子ども**：紫色のマーカーを使って、また別のカードにRと大きく書きます。

あなた：紫色のマーカーを使って、別のカードにRで始まる短い絵本のタイトル、例えばRoll Overと書きます。

❹上記のような、タイトルと頭文字のセットのカードを5〜10組作ります。できあがったら、カルタ遊びのように文字が書いてある面を上にして、バラバラに置きます。

❺文字のアルファベットとタイトルの組み合わせを見つけてもらいます。

「OliviaはOで始まっているわね。Oはどこかな。」

なかなか見つけられない時は、文字の色をヒントに見つけてもらいましょう。

「Oliviaのタイトルは何色で書いたかな。黒い文字を探してみましょうね。」

というように。

❻組み合わせをたくさん発見できた人の勝ちです。

色のmatching game

Let's try!

絵本に出てくる色を使って遊んでみましょう

◀用意するもの

えんぴつ、クレヨン、B5サイズくらいの白いカード（または紙）数枚

＊作業は、すべて子どもに挑戦してもらいましょう。

❶えんぴつを使って、1枚のカードにREDと書きます。もう1枚のカードには、赤いクレヨンで円か四角形を描いて、中を塗りつぶします。

❷ えんぴつを使って、また別の1枚のカードにBLUEと書きます。もう1枚のカードには、青いクレヨンで円か四角形を描いて、中を塗りつぶします。

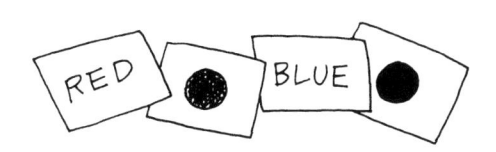

❸ えんぴつを使って、また別の1枚のカードにYELLOWと書きます。もう1枚のカードには、黄色のクレヨンで円か四角形を描いて、中を塗りつぶします。

❹ 上記のように、色の名前と色のカードのセットを5～10組作ります。
できあがったら、カルタ遊びのように文字や絵がかいてある面を上にして、バラバラに置きます。

❺ 色の名前と色の組み合わせを見つけてもらいます。YELLOWなら、
「この色は何と言うのかな？　YELLOWだったわね。YELLOWはYで始まるの。ちょっと難しいわね。YELLOWはどこかなあ？」
と、matching gameを手伝ってあげてください。

❻ 組み合わせをたくさん発見できた人の勝ちです。
＊同じようにして、数のmatching gameもできます。
例えば、oneと1、twoと2というように、単語と数のカードをセットで作り、組み合わせを見つけて遊びましょう。

Rhymeのmatching game

Let's try!

"*Goodnight Moon*"、"*Jamberry*"、"*Hop on Pop*"、"*Mother Goose*" などの本を参考にして、rhymeのmatching gameをしましょう。

ここでは、"*Mother Goose*" を使います。

◀用意するもの

えんぴつ、いろいろな色のマーカー（サインペン）、B5サイズくらいの白いカード（または紙）を数枚、お手本用の紙

❶絵本からrhymeのペアを取り出しましょう。ここでは "*Mother Goose*" の "*Three Little Kittens*" を使います。

子どもと一緒にお話を読みながら、まずは単語を取り出して、紙に大きくえんぴつであなたが写していきましょう。

A: kittens（子ネコ）　　mittens（ミトン）
B: dear（ねえ）　　　　fear（怖れる）
C: pie（パイ）　　　　 sigh（ため息をつく）
D: hear（聞く）　　　　here（ここ）
E: cry（泣く）　　　　 dry（かわいた）

5組のペアを取り出せました。

❷それぞれのペアごとに色を決めます。

　A：紫色のマーカー
　B：赤いマーカー
　C：黒いマーカー
　D：青いマーカー
　E：オレンジ色のマーカー

❸ あなたが書いた文字をお手本に、❷で決めた色のマーカーを使って、カード1枚に単語ひとつずつを、子どもに写していってもらいましょう。

❹ 全部書けたら、カルタ遊びのように文字が書いてある面を上にして、バラバラに置きます。

❺ Rhymeになっているペアを見つけてもらいます。

Rhymeには、もう、だいぶ慣れてきたかな。色をヒントに探してみましょう。

「Kittensのrhymeは何かな？ 同じ紫色のカードには、mittensがあるわね。おしまいが同じ発音。紫色同士のkittensとmittensでrhymeね。」

「Dearのrhymeは何かな？ Dearの色は赤ね。他に赤い文字のカードはある？ Fearを見つけた？ 当たりよ。Dearとfear。一緒に言ってみましょう。Rhymeになっているわね。」

こんなふうに、子どもがわかりにくかったら、少しずつヒントをあげながら、遊んでみましょう。

絵と文字のmatching game

Let's try!

絵本の中に出てきた動物の名前を使ってmatching gameをしましょう。スー・ウィリアムズ（Sue Williams）作の *"I went walking"* を例に取ってみます。

◀用意するもの

えんぴつ、いろいろな色のマーカー（サインペン）、B5サイズくらいの白いカ

ード（または紙）を数枚

❶ 1枚のカードにひとつずつ、絵本の中に出てくる動物の絵を子どもに描いてもらいましょう。

❷ 別の新しいカード1枚にひとつずつ、絵本に出てくる動物の名前を英語で書いてもらいましょう。これまでのように、動物の絵と名前の文字を同じ色で書いてもよいし、別の色で書いて少し難しくしてもよいでしょう。（絵本の文字が小さすぎたらあなたがまず他の紙に見やすいように、大きくはっきりと写しておお手本を作ってから、それを子どもに写してもらいましょう。）

❸ できあがったら、カルタ遊びのように文字や絵がかいてある面を上にして、バラバラに置きます。

❹ 動物の絵と名前の組み合わせを見つけてもらいます。

「ネコちゃんは何というのかな？」

「犬はdで始まるよ。」などと問いかけながらゲームを楽しみましょう。

❺ 組み合わせをたくさん発見できた人の勝ちです。

マーカーは、太くて大きいものの方が持ちやすくてよいでしょう。クレヨンでも構いません。クレヨンをぎゅうぎゅうと押しつけるようにして書けば、それだけ筋肉の発達にもよいのです。「すごいなあ。英語も書けるんだなあ！」と大げさにほめてあげましょう。ほめられるのに値するだけの、すごいことに子どもは挑戦しているのだ、ということを忘れないでくださいね。

✔ わかりやすいcolor codeを使って

このように色でヒントを与える方法を**color code**と言います。赤と赤。赤で書かれたものは、dearとfearでrhymeになっている、仲間なのだなと頭の中で整理されていきます。そうするとpieとsighは両方黒だから、やっぱり仲間なんだな、と子どもは色をヒントにしてスムーズに理解することができます。子どもの頭のなかで整理される過程のdecodeにひと役かってくれるのがcolor codeです。

子どもに余力があったら、単語をそれぞれの色のペアで書いたその横にkittensなら子ネコの絵を、mittensならミトンの絵を描いてもらいましょう。絵という視覚の面からもdecodeの手助けをします。やはり、カルタ取りのようにして紙をバラバラにして色をマッチさせ、単語を発音させましょうね。

✔ 作ったカードは冷蔵庫に貼っておこう

苦労して作った絵は、ゲームに使わない時は冷蔵庫にマグネットで留めておきましょう。

ネコの絵の上に、CとAとTのマグネットを使って留めてみてはどうでしょう。犬の絵の上はDとOとGで留めます。

単に留めるだけではなく、使っていないアルファベットを利用して、日頃からやさしい単語のCAR, EAT, YOUなどを並べて貼ったり、りんごという単語を習った時はAPPLEと置いたりすると、ヴィジュアルに学べます。ABCのマグネットの効用は、声を大にして宣伝してもしきれない程です。

アメリカでは、Fisher PriceやBattatなどのおもちゃ会社がアルファベットのマグネットを販売しています。最近ではアルファベットが2セットずつくらい一緒に入って売られているので、同じ文字が2つ入っている単語を教える時には助かります。近くのお店で見つけられなかったら、ダンボールなどで手作りのアルファベットを作り、後ろに市販の磁石をのりで貼り付けてもよいですね。

✔ Matching gameの応用編

　Matching gameでは、自由にいろいろなアイデアを生み出してみてください。

　絵本を読み聞かせた後で、この言いまわしは覚えておいてほしいわ、と思ったら、matching gameに仕立ててみましょう。

Let's try!

❶例えば、clap the hands（手をたたく）を取り上げるなら、clapを1枚のカードに、the handsをもう1枚のカードに書きます。

❷Shake the head（頭をふる）を覚えてほしいなら、shakeを1枚のカードに、the headをもう1枚のカードに書きます。

❸できあがった4枚のカードを、文字が書いてある面を上にして、カルタ遊びのようにバラバラに置きます。

❹正しい言いまわしの組み合わせを、子どもに選んでもらいましょう。

　あれ？　shake handsでもよさそうですが、the はいらなかったかな？　Clap the headとは言いませんね。この遊びで、思いがけない発見ができることもあります。

　I button my shirtsならI buttonとmy shirtsを別々の紙に書いたり、I drank a glass of milkならI drankとa glass of milkを別々の紙に書いて組み合わせたりするなど、いろいろ試してください。あなた独特の楽しい手作りのゲームは、子どもに喜ばれること請け合いです。

　お宅のlearning environmentも着々とできあがってきましたね。どんな絵本で

もmatching gameの素材に使えます。覚えるための1つの手段としてください。

✔ Learning environment作り

　私が勤めている小学校（幼稚園）の教室で、どんなlearning environmentが作られているか、紹介しましょう。日本での英語学習の参考にしてください。

　まず、1クラスに3、4台あるコンピューターの横に、「これはコンピューターです」と英語とスペイン語で書かれた札が置いてあります。黒板や本棚など、ありとあらゆるものに英語とスペイン語の名札がかかっています。

　アルファベットのQを勉強している時には、パッチワークのquiltが飾られています。大きな赤い犬のClifford（クリフォード）が白い紙に貼ってあり、Cliffordの絵の下にはMy name is Clifford.とかI am a big red dog.などのやさしい文章が書かれています。Cliffordは、低学年生にひときわ人気のある本で、テレビアニメとしても放映されています。Scholastic出版社のBook Fairの時は、生徒の一人をくじ引きで選び、Cliffordの衣装を着てもらって、"Book Fair in the Library!"と校内を歩いてもらいます。とてもよい宣伝になります。

　教室の隅に「今週の作者はドクター・スース」と書いて、ドクター・スースの本を並べています。来週はどの作者を特集しようかしら？

✪ Matching gamesにぴったりのブックリスト：

Best Mother Goose Ever illustrated by Richard Scarry (Golden Books Pub Co Inc)
Clap Your Hands by Lorinda Bryan Couley (Penguin USA)
Each Peach Pear Plum by Janet Ahlberg & Allan Ahlberg (Penguin USA)
Goodnight Moon by Margaret Wise Brown & Clement Hurd (Harpercollins Juvenile Books)
Hop on Pop by Dr. Seuss (Random House Childrens Pub)
I Went Walking by Sue Williams (Harcourt Inc)
Jamberry by Bruce Degen (Harpercollins Juvenile Books)

Ⅳ 劇やパペットはいかが？　　dramatization

✓ 登場人物になって物語を読んでみよう

　私たちは小学校の図書館司書として、絵本を紹介し、読書に対する関心を高めることが使命の1つである、と思っています。絵本を読んだ後、絵本によりいっそう親しんでもらうために、生徒出演のドラマに仕立てたり、パペットを作ったり、いろいろ工夫をしています。劇といっても、戯曲風（play）に書き直すような大げさなものではありません。

　劇の効用は3つあります。
1. 子どもが登場人物になりきることで、役に対する子どもの創造性を培うことができます。
2. みんなが筋の流れを考えなければ劇にならないので、予測する力・分析し判断する力・論理的思考力を養うことができます。
3. 役を演じているうちに、自然に英語を覚えることができます。幼児や小学生が対象なので、長い台詞を覚える必要はありません。Act outしながら（演じながら）英語を話すことで、英語に慣れ、意味をしっかりと身につけることができます。

　家庭では、学校のように大勢の子どもがいるわけではないので、劇にするのは無理ですよね。ここでは、役になりきって英語を覚え身につけてもらうのがねらいです。絵本文学に親しんでもらうため、英語の言いまわしに慣れてもらうための楽しい作戦です。さあ、子どもと一緒に思いきりact outしましょう。

"So Big!"

　So bigという言いまわしに慣れるために、ダン・ヤカリノ（Dan Yaccarino）の ***"So Big!"*** を使ってみましょう。

ページごとにいろいろな動物の赤ちゃんが登場し、"How big is baby……?"という質問をします。折ってある紙をめくると"SOOO BIG!"という答えが書いてあります。動物の名前が変わる以外は同じ質問、答えはいつも"SOOO BIG!"なので幼い子どもも取り組みやすいでしょう。

Let's try!

　読み聞かせながら、あなたが最初に*"So Big!"*をact outして見せてあげ、その後子どもにもやってみてもらいましょう。

❶ 読み聞かせをしながら、"How big is baby……?"と子どもに問いかけます。
　（……の部分に動物の名前を入れましょう）
❷ 答えの部分をめくる時、子どもに"SOOO BIG!"とact outしてもらいましょう。下図を参考に「とても大きいぞ！」と子どもなりに表現してもらいましょう。

　ジーン・ホワイトハウス・ピーターソン（絵本作家で私の友人）の2歳半のお孫さんは、この本が大好きで、両手を思いきり広げきって"Sooo big!"とbigのふりをしてくれるそうです。幼児は、質問に答えることで本の世界に引き込まれていくのでしょう。

"Guess Who's in the Jungle"

　ナオミ・ラッセル（Naomi Russell）作 ***"Guess Who's in the Jungle"*** も質問

に答える形式の本で、抑揚をつけて質問をすると、子どもは答えようと一生懸命になります。

Let's try!

❶ 絵本を読み聞かせながら、"Who's 〜ing in the ○○?" という質問が出てくるたびに、抑揚をつけて子どもに問いかけましょう。

❷ 質問が出てくる見開きのページの真ん中には、小さなページ（flip-flop）があります。子どもにめくってもらいましょう。答えが出てきます。

❸ 答えがtigerだったらトラのふりを、elephantだったらゾウのふりを、子どもにact out してもらいましょう。「ゾウになったつもりで真似をしてみて！」

"Jump, Frog, Jump!"

　ロバート・カラン（Robert Kalan）作 **"Jump, Frog, Jump!"** を紹介しましょう。幼児にアピールしやすい強い色彩、そして簡潔なイラストでまとめられています。

　いろいろな出来事が1つずつ重なっていき、重なっていくたびにまた始めから繰り返される、というテクニックを使っています。このように最初を繰り返しながら、新しい出来事が加わっていくという描写法を、アメリカではcumulative books（累積の本）と呼んでいます。Cumulative booksとしておなじみなのは、オードリー・ウッドの **"The Napping House"** やアーノルド・ロベルの **"The Rose in my Garden"** です。ああ、あのスタイルかと思っていただけるでしょうか。

> **Let's try!**

❶ まず、子どもに読み聞かせましょう。1度目は、predict（推測する）の練習もしてみましょう。

「カエルさんはどうするかな？」

"ju……" と発音をちょっとしてみて、子どもを誘い込んでください。

❷ 2度目に読む時は、"jump, frog, jump!" のフレーズが繰り返されるたびに、子どもにカエルが跳ぶようにしゃがんでぴょんぴょん跳んでもらいましょう。もちろん "jump, frog, jump!" と言いながら、です。

子どもはカエルのように跳べるかしら。これで子どもは、jumpという意味とfrogという単語を覚えてくれたでしょう。大切なことは楽しみながら、ですね。

"The Three Little Pigs"

幼児におなじみの『3びきの子ブタ』を例にとってみましょう。

ジェームズ・マーシャル（James Marshall）作 **"The Three Little Pigs"** は、イラストが楽しいですね。

> **Let's try!**

❶ 読み聞かせをしながら、オオカミが子ブタの家を吹き飛ばそうとする、"huffed and puffed" のシーンに来たら……、

「さあ、オオカミになって家を吹き飛ばそう！」

と、子どもに "huffed and puffed" を act out してもらいましょう。

❷「Huffedとpuffedは、よく一緒に使われるのよ。さあ、もう一度息をいっぱい吸って、"huffed and puffed" とブタさんのおうちが壊れるくらい強く吹いてみようね。」

子どもは、huffed and puffedという言いまわしを、これでしっかり覚えてくれたでしょう。

この3びきの子ブタを、ちょっとひねったデイヴィッド・ウィーズナー（David Wiesner）作の **"The Three Pigs"** に、2002年のCaldecott Medal（カルデコット賞）が与えられました。デイヴィッド・ウィーズナーは **"Tuesday"** という本ですでにCaldecott Medalを取り、**"Free Fall"** や **"Sector 7"** ではCaldecott Honor（カルデコット賞銀賞）を取っています。

この本は、ページからはみだした3匹の子ブタたちが、物語を白紙のページにもどし、話を子ブタの立場から変えてしまうという設定です。誰が書いても同じ物語をオリジナルに変えてしまった、デイヴィッド・ウィーズナーならではのお話です。

皮肉っぽくておもしろいのですが、幼児には伝統的な3匹の子ブタから読んだ方がよいでしょう。

✓ おなじみの昔話を劇で楽しもう

私たちの学校の幼稚園の先生は、よく **"Little Red Riding Hood"**（赤ずきん）の話を劇にしています。その他に、**"Cinderella"**（シンデレラ）、**"The Three Little Pigs"**（3匹の子ブタ）なども劇にしやすいですね。

幼児にとって劇にしやすいのは、次のようなお話でしょう。

＊誰でも知っている昔話などのお話。

＊繰り返し同じシーンや言いまわしが出てくるお話。

"Little Red Riding Hood" は、両方の要素を含んでいるお話なので、よく取り上げられます。

"Oh, Grandmother, what big ears you have!"

"The better to hear you with, my dear."

という耳の問答から始まってやがて口にいき、

"The better to eat you with, my dear."

と言いながらパクッ！　と食べてしまうまでの台詞(セリフ)を親子で一緒に覚えてもよいでしょう。

　最近の子どもは悪役を好むのでオオカミの役を演じたがるかもしれませんね。「Earsは耳のことよ。2つあるからsがつくの。なんて大きな耳なの！　ということを"What big ears"というのよ。」
とわかりやすく説明してあげながら、台詞(セリフ)を覚えて、このシーンを楽しく演じてください。

✔ パペットを使ってお話してみよう

"Roll Over!"

　劇のアイデアを延長してパペットを作ってみても楽しいですね。88ページで**"Roll Over!"** を紹介しましたが、今日は **"Roll Over!"** のパペット作りに挑戦してみましょう。

Let's try!

YOU NEED ◀用意するもの

いろいろな色のマーカー（サインペン）、小さい紙のお皿10枚（直径7cmくらいのもの）、毛糸少々（白と黒）、黒い紙少々（動物のひげに使います）、のり、はさみ、割り箸(ばし)、セロハンテープ、えんぴつ、ベッドに使うための枕かクッション、スカーフか風呂敷

❶ お皿のひとつに、男の子の顔をまず描きましょう。はっきりと見やすい表紙の

絵を参考にして描くとよいでしょう。

「口をちょっと開けているわね。何と言っているのかわかるかしら。そう、"Roll over!"って言っているのね。」

などと語りかけながら、楽しくお絵描きをします。

❷ 続いて、bear（クマ），monkey（サル），deer（鹿），snake（ヘビ），bird（鳥），cat（ネコ），dog（犬），rabbit（ウサギ），badger（アナグマ）を、ひとつひとつ別々のお皿に描きましょう。ゆっくり描いていけばいいのですよ。

❸ Bearのお皿は、毛の感じを出すために、白い毛糸にのりを塗ってまわりに貼りましょう。ふさふさした感じが出てきました。

❹ Rabbit, cat, badgerのお皿には、ひげをつけましょう。

黒い紙を細く切ってひげにします。Badgerのおひげは毛糸にしてみてもいいですね。

同じように、monkey, bird, snakeなども工夫して飾ってください。

❺ 新しい割り箸を袋から出して、お皿の顔の裏にセロハンテープでとめましょう。スティック・パペットと呼びたいところですが、割り箸パペットです。

❻ *"Roll Over!"* の表紙を見ながら、男の子を真ん中に置いて、順番に動物たちの割り箸パペットを壁に立てかけましょう。表紙の順番どおりに並んだかな？

パペットたちを立てかけたら、その前に枕かクッションをおいてベッドに見立てましょう。その上にスカーフか風呂敷をかけて、ベッド・スプレッドにしましょう。

パペットたちはベッドに寝ているように見えますね。

❼ パペットを並べて飾りつけができたら、みんなで "Roll Over!" の歌を歌いましょう。

Fell out が繰り返し出てきます。そのたびに、

「さて、誰が fell out したのかな？」と子どもに問いかけましょう。

子どもが答えられたら、fell out したパペットを「バイバイ！」と取ってしまいましょう。

これはかぞえ歌ですが、動物の名前を覚える、fell の後に out がついて fell out という言い方をする、などいろいろなことが覚えられるよい歌です。自分の口で言ってみる、発音してみる、外国語の学習に大切な要素でしょう。

"Joseph Had a Little Overcoat"

2000年にカルデコット賞を受けた、シムズ・タバック（Simms Taback）作 *"Joseph Had a Little Overcoat"* のパペットを作ってみましょう。

古くなって着られなくなったオーバーコートが、ジャケットになり、ジャケットからベスト、ベストからスカーフ、そして最後にはボタンになる、というリサイクリングのお話です。

「次はどんな洋服になるのかな？」と predict してみましょう。ページの一部が、次にリサイクリングされる型に切り抜かれ、ヒントになっています。私の生徒たちは、その切り抜きを見て、次は何に作り変えられるのかと、必死に predict を試みます。

Let's try!

◀用意するもの

いろいろな色のマーカー、画用紙、包装紙、はさみ、えんぴつ、クリップ

❶ まず、Josephの絵を画用紙に描いて切り抜きましょう。
最後のページの何も着ていないJosephが写しやすいでしょう。

❷ 描いたJosephの大きさに合わせて、1枚の包装紙に、オーバーコート（overcoat）、ジャケット（jacket）、ベスト（vest）、スカーフ（scarf）、ネクタイ（necktie）、ハンカチーフ（handkerchief）、ボタン（button）まで描きます。全部を同じ柄で作ることが大切ですよ。

❸ Overcoat, jacket, vest, scarf, necktie, handkerchief, button をはさみで切り取ってください。

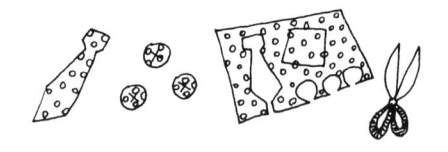

❹ はじめにovercoatをJosephに着せましょう。着せるといっても、切ったovercoatをクリップでとめるだけ。
台詞もやさしいから言ってみましょう。"Joseph had a little overcoat...."

❺ 次は、jacketを着せましょう。
同じように、vest, scarf......と、次々に着せかえていきましょう。

そのたびに、"Joseph had a＿＿＿＿." と一緒に言いましょう。

　Josephに見立てた立体的な人形に手作りの服を着せているストーリーテラーを見ましたが、私のように洋裁が苦手な人間にはちょっと無理です。洋裁が上手な方は、人形を使う方がよいでしょう。
　ユダヤ民族の文化があちこちに顔を出していますから、そんなことにも注目しながら、この色彩豊かな絵本を楽しんでください。

　以上のように劇のように表現する、パペットを作る、など創意工夫をこらして少しずつ英語の言いまわしに慣れるようにしましょう。子どもが声に出したり、演じたり、体を動かして楽しく英語を体験できるように…。

✪ **ドラマやパペットにぴったりのブックリスト：**
Guess Who's in the Jungle by Naomi Russell (Candlewick Pr)
Joseph Had a Little Overcoat by Simms Taback (Penguin USA)
Jump, Frog, Jump! by Robert Kalan & Byron Barton (Harpercollins Juvenile Books)
Little Red Riding Hood by Harriet Ziefert & Emily Bolam (Penguin USA)
Roll Over! by Merle Peek (Houghton Mifflin Co)
SO BIG! by Dan Yaccarino (Harpercollins Juvenile Books)
The Tale of Peter Rabbit by Beatrix Potter (Penguin USA)
The Three Little Pigs by James Marshall (Penguin USA)
The Three Pigs by David Wiesner (Houghton Mifflin Co)

Ⅴ 本を作ってみよう　　　　　mini books

✓ アメリカの読書教育

アメリカでは、主に4つの読書学習法が推進されています。

1. Four Blocks……国語教育を4つのブロックに分けて行う方法。

❶ Words（単語）—Comprehension（読解力）のために単語を知ることが重要であるとする。頻繁に使われる単語を読めるように、そして綴れるように訓練する。（例）sight word（視覚で学ぶ単語）、word wall（新しい単語を壁に貼る）

❷ Guided Reading（規律ある読書指導）—生徒にpredictさせ、読み込ませ、分析させながら、読解力をつけさせる読書指導。

❸ Self selection—子どもの好みにあった本を自分で選択させること。

❹ Writing（作文）—読む力を高めるための作文指導。

2. Balanced Literacy……読書（reading）と作文（writing）に、同じ比重を持たせて指導する方法。

❶ Reading and writing to students. このtoは、生徒たちに本を読んであげ、かつjournal（日記）などを通じて教師が生徒に語りかける方法。

❷ Reading and writing with students. このwithは、生徒と共に読み、かつ共にアイデアを提供しながら文章を作成していく方法。（Four Blocksの一部であるGuided Readingのアイデアを取り入れています）

❸ Reading and writing by students. このbyは、生徒が独自に読みかつ作文を書く方法。

Balanced Literacyでは、reading and writing to, with, by studentsを強調。

3. Success for All……ある研究団体によって企画された、1日90分の読書指導

プログラムに則(のっと)った指導方法。

4. Reading Recovery……将来、読書に問題が生じそうな児童を、事前に把握して指導する。ディスレクシア（失読症）などの能力的なものから、家庭などの環境問題なども診断して、読書環境の改善を試みる特別プログラム。

私たちの学校では、2．Balanced Literacy（バランスド・リテラシイ）という理論を採用しています。

そして、「書く時には、6つの要素を入れましょう」と指導しています。この6つの要素を6traitsと呼んでいます。オハイオ州の教師たちが考え出したアイデアです。先にご紹介したハワード・ガードナーの7 intelligences（multiple intelligences）とは全く関係がありませんので、混同しないでくださいね。

その6つとは：

1．Idea（アイデア）—この作文で何を書くか、何を言いたいかをまず考えます。
2．Organization（構成）—何をどのように伝えるか、大体の骨組みを作ります。
3．Voice（表現）—書き手独自の表現方法を用います。書き手の表現力がここで現れます。
4．Word Choice（言葉の選択）—自分の文章を作成するにあたって、適した単語を選びます。どんな単語を選ぶかによって、書き手の個性が現れます。
5．Sentence Fluency（文体・リズム・パターン・響きなど、表現方法の駆使(くし)）—書き手のスタイルとも言えるものを決めます。
6．Conventions（文法）—文法を無視せず、正確に使いましょう。

最近は、6traits＋1、つまり生徒たちが自分の作品をどのようにpresentation（プレゼンテーション、紹介）するか、ということも加えられてきました。

Presentationとは、どのように字を並べ、どこにどう文章をもっていったら、視覚的におもしろくpresentationできるか、ということを考えることです。コンピュ

ーターの影響で、フォントを選んだり、字の大小で演出することが簡単にできるようになりました。幼児を対象とする場合は、字は大きくはっきりと、読みやすいように書くということを心に留めておいてください。そのためには、色マーカーや色えんぴつを駆使して、視覚の面から演出することも大切な要素となります。

　私がここでお伝えしたいのは、文章を書く時にはこんなことに注意してみるとよいでしょう、6つのポイントプラス1で分析して整理してみましょう、という程度のことです。それよりも、子どもには、ミニ絵本やスクラップ・ブック作り、フェルトの辞書作りなどを通して、英語を書くという作業に、慣れ親しんでいただければよいと思います。

✓ 絵本のやさしい言いまわしを使って文章を書こう

"I Like Me"

　私の図書館では **"I Like Me"** を読んだ後、こんなふうに文章を書くことと結びつけてみました。
❶「私は自分のここが好き！」というところを、絵に描いてみましょう。
❷それを文章にして、絵の下に書いてみましょう。
　I like me because I am _____.ですよ。
　彼らの作品は、以下のとおりです。
　I like me because I am good at math.（算数が得意なところがいい）
　I like me because I am kind to dogs and cats.（犬やネコに親切なところがいい）
　I like me because I am not a picky eater.（好き嫌いなく何でも食べるところがいい）

　これは、アメリカの小学校1年生の作文です。英語に慣れていない日本の幼児には、もっとやさしいアプローチが必要ですね。

Let's try! … I like ○○. ○○はイラストで

◀用意するもの

A4サイズの紙、クレヨンやマーカー

❶ 一緒に "**I Like Me**" を読んだ後、I like _____. という言い方を覚えてもらいましょう。「likeのあとに好きなものが入るのよ。」
"I like _____." と、声に出して言ってみましょう。

❷ 紙に英語で書いてみましょう。幼児にとってはお絵描きと同じです。
I likeまで書けたら、「好きなものを絵で描きましょう！」と促します。

❸ 最初は食べ物の絵を描いてみましょう。
"I like pizza." なら、pizzaはやさしいから英語で書いてもよいですね。そして大きなピザの絵も描きましょう。おいしそうに描けましたか。
友だちなら、"I like けんちゃん." ブランクのところに、けんちゃんとひらがなで書いてもよいですよ。けんちゃんの顔の絵を描いてもよいですね。いろいろ工夫をしてみましょう。絵ができたら、Kenと英語を書き添えてあげてください。
スポーツなら "I like サッカー." がいいかな。サッカーボールの絵を描きましょう。絵ができたら、soccerと書き添えてあげましょう。

❹ できあがったら大きな声で言ってみましょう。

"I Love Animals" "I Love Boat"

I like_____. の言いまわしを覚えたら、I love_____. とlikeをloveに代えて練習し

[第3章] もっと英語で遊んじゃおう

てみましょう。

　フローラ・マクドネル（Flora McDonnell）作 **"I Love Animals"** と **"I Love Boat"** が、I loveをふんだんに使っているので役に立ちます。このようなpattern bookには、一つの言いまわしが繰り返し出てくるので、書く練習には最適です。

　I love ___. と聞くと、「愛している」という言い方をすぐ思い浮かべるかもしれませんが、アメリカ会話の中ではもっと気軽に使います。I love sushi.とかI love rabbits.というようにです。Likeより少し強調した言い方ですね。

Let's try! … I love △△. △△はイラストで

◀用意するもの

Ａ４サイズの紙、クレヨンやマーカー

❶絵本を読み聞かせた後、I love △△. という言い方を練習しましょう。慣れてきたら、今度は、紙にI loveと書きましょう。

❷「大好きなものを描こうね。」と、△△のところに絵を描いてみましょう。

❸子どもが描いた絵のそばに、英語を書き添えてあげましょう。

❹できあがったら、大きな声で一緒に言ってみましょう。

　I love △△. という言い方に慣れましたか。

　マクドネルは、I love △△. の後にingをつけた言い方を紹介しています。I

love my dog running hard.（一生懸命に走っている犬が好きです）、I love my goat bleating softly.（いつもやさしくメーと鳴いているヤギが好きです）など、だんだんとingをつけた言い方も練習していきましょう。Ingをつけると「〜している」という意味です。

"Lucky Song"

だんだん難しい言いまわしになります。ヴェラ・B・ウィリアムズ（Vera B. Williams）作 **"Lucky Song"** を使ってみましょう。

She wanted ___. という言いまわしがページごとに出てきます。

Let's try! … She wanted ××. ××はイラストで

◀用意するもの

A4サイズの紙、クレヨンやマーカー

❶ 絵本を読み聞かせた後で、今度は、I love_____. を She wanted ___. に代えてみましょう。紙にまず、She wantedと書きます。

❷ もちろん、___の部分には絵を描き入れてみましょう。
「絵本に出てきた女の子は、何が欲しかったの？」などと、絵本に出てきたものを思い出しながら、絵を描きましょう。

❸ 子どもが描いた絵のそばに、英語を書き添えてあげましょう。

❹ 絵ができあがったら、大きな声で文全体を読んでみましょう。

✓ 表紙付きの本にしてみましょう

　I like ○○. I love △△. She wanted ××. と3種類の絵がまとまったら、1冊の本に仕上げてみましょう。

　いつも同じサイズの紙に書いておくと、まとめる時も楽ですね。そんなにたくさんなくてもよいのです。4、5枚たまったら、表紙をつけます。

Let's try!

◀用意するもの

A4サイズの画用紙、マーカーやクレヨン、穴あけパンチ、毛糸、毛糸用の針

❶まず、タイトル、作者の名（子どもの名）を、表紙にする画用紙に書きます。英語で書いてもらいましょう。タイトルはI like meなどというように。そして作者の名の前にはby をつけて、by Ken-chanなどと書きましょう。

❷表紙には、イラストを描き添えましょう。

❸表紙の裏には、出版年月日（その日の日付け）を入れましょう。

　家で本作りをしているのですから、出版社の名はfamily name（姓名）にしたらどうでしょう。出版社：Ito's, とか出版社：Minami'sなどと入れるとカッコいいですね。

　子どもは書けるかな。手伝ってあげてくださいね。

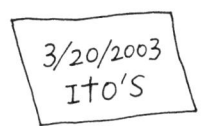

❹裏表紙にも、ストーリーにあったちょっとしたデザインをしましょう。例えば、ストーリーに関連のある絵を描いて、写真のように四角で囲ってみるのも一つのアイデアです。

"No, David" の裏表紙は、no, no, noで埋められていました。**"The Tale of Peter Rabbit"** では、Peter Rabbitがブルーのジャケットを着ているのが表紙、裏表紙ではブルーのジャケットがかかしになっています。ストーリーの結末を暗示していますね。

❺穴あけパンチで毛糸を通す穴を数か所あけましょう。英語の本なので、左側を綴じることになります。毛糸を通して本のバインディング（製本）は終わり。世界に1冊だけの手作りの本ができあがりました。

✓ スクラップ・ブックで思い出を本にしよう

Let's try!

◀用意するもの

ノートか市販のスクラップ・ブック、自分の写真、家族や親戚の写真、新聞、雑誌、のり、はさみ、マーカーやクレヨン

❶表紙に、子どもの肖像画を自分で描いてもらいましょう。

❷ "I Like Me"や"My Story"などと、適当なタイトルを肖像画の上に目立つように書きましょう。

❸ 1ページ目を作りましょう。
子どもの写真を貼って、こんなキャプション（見出し）を入れましょう。
I am 5 years old.（私は5歳です）
11／24／2003（2003年11月24日）
このように写真の下には、子どもの年齢と、スクラップ・ブックを作った日付けを書いていきましょう。

❹ 2ページ目を作りましょう。パパとママの写真を貼ります。
「私のお父さんとお母さんって、英語で書いてみようか。お父さんとお母さんと一緒にすると両親、英語ではparentsというのよ。」
My parents
と写真の下に書いてみましょう。

❺ 3ページ目を作りましょう。おじいちゃんとおばあちゃんの写真を貼ります。
「おじいちゃんとおばあちゃんはgrandparentsよ。」
My grandparents
とキャプションを入れましょう。

❻ お友だちの写真も貼れますね。キャプションはMy friend（たくさんならMy friends）です。
ペットの写真も貼りましょう。キャプションは犬なら、My dog, Taro（名前も入

れてあげましょう）です。

❼ 新聞や雑誌から、好きな乗り物、食べ物などを切り抜いて貼りましょう。
飛行機なら機種なども書きましょう。車は何が好き？ Corvetteを切り抜きましょうか。貼ったもののそばに、英語でキャプションを書きます。Car, planeなど、手伝ってあげてください。

❽ よく行くレストランで、メニューをもらいましょう。
そしてメニューの中から、大好きなご馳走（ちそう）を選んで切り取り、スクラップ・ブックに貼りましょう。広告から好きな食べ物を切り抜いてもいいですね。
キャプションを入れます。ご馳走の下に、あなたが
My favorite food is ＿＿＿.
と書いてください。＿＿＿にあたる英語を書き添えるのは、子どもの役目です。手伝ってあげてください。
できあがったら、「My favorite foodは、私の大好物という意味よ。」と教えてあげてください。

❾ 広告から、好きなおもちゃを切り抜いてみましょう。キャプションを入れます。I love my toy.「おもちゃが好きなの」という意味よ、と教えてあげてください。
このようにして、あなた独自の楽しいページを増やしてください。

私の夫が、とても楽しいスクラップ・ブックを持っています。
アリゾナ大学を卒業する従兄（いとこ）の卒業式に出席するために、カンザス・シティからアリゾナまで汽車に乗って旅をした時のスクラップ・ブックです。
汽車の食堂のメニュー、汽車からみた風景のスケッチ、途中立ち寄った映画の撮影現場で、ジョン・ウエイン（アメリカの西部劇スター）が幼い夫の頭にやさしく片手を置いている様子を撮った写真など、いろいろあっておもしろいです。特にあとからみると、その時代の物の値段、流行の洋服などがしのばれて、ちょっとした風物史を見るようです。

✓ 辞書を作ってみよう

"The Tale of Peter Rabbit"

"*The Tale of Peter Rabbit*"は、幼児の小さい手で持ちやすいようにと、サイズにも工夫が見られます。辞書と言えばおおげさですが、やさしい英語の絵入り辞書を作ってみましょう。フェルトは肌触りがよいので、おもちゃを作るような感覚で、楽しんでもらいましょう。

Let's try!

◀用意するもの

たて17cm×横15cmのフェルト5枚、はさみ、のり、残り布、いろいろな色のフェルトの切れ端、毛糸少々（本を綴じるため、あるいは細いリボンでもよい）、毛糸用の針、マーカー、クレヨン、白い紙を数枚、えんぴつ

＊用意したフェルトは、本のページとしてそのまま使います。もっと固い本にするために、厚紙にフェルトを貼るのも一案ですが、ここではフェルトのもつ感触を楽しむために柔らかいままで使ってみましょう。

❶ まず、辞書に入れる単語を"*The Tale of Peter Rabbit*"から選びます。私は次のような単語を選んでみましたが、子どもが好きな単語を4つ選んでもらいましょう。

　　　　1. lettuce　　2. mother　　3. rabbit　　4. tea

❷ たて5cm×横10cmくらいの大きさに白い紙を切ってください。表紙用と中身用に5枚必要です。

❸ 切った紙の1枚に、マーカーかクレヨンでMy First Dictionaryと書いてもらいま

しょう。表紙のタイトルです。

たくさん文字があって難しいですね。別の紙に、わかりやすく大きく、まずあなたが書いてあげてください。それをお手本にしながら子どもに書いてもらいましょう。

書いたら表紙のタイトルとして、フェルトに貼ってください。

❹ ❸で切った残りの紙4枚にそれぞれ、❶で選んだ4つの単語を書いてもらいましょう。

例えば、lettuce, mother, rabbit そしてteaですね。難しいようでしたら、最初にあなたが書いて、それを写してもらいましょう。

❺ 単語をABC順に並べてみましょう。手伝ってあげてくださいね。

❻ アルファベット順で最初に出てくる単語、例えばlettuceと書いた紙を、表紙のフェルトの裏に貼りつけます。まっすぐでなくても視覚的に見ておもしろいように置いてください。

❼ 別のフェルトに、lettuceを表現しましょう。

絵を直接描いたり、フェルトの切れ端を使ってlettuceの葉を作って貼ったり…。ページいっぱいに描いてもいいし、真ん中に小さめに描いたり、貼ったりしてもいいですね。絵の背景になるフェルトの色と、絵の色のコントラストを考えてくださいね。同じような色だと絵が目立ちません。

❽ Lettuce の絵を描いたフェルトの裏に、アルファベット順で次に出てくる単語、mother と書いた紙を貼りましょう。

❾ また、別のフェルトに mother の絵を描きましょう。同じように、rabbit と tea も作っていきましょう。

❿ 全部できあがったら、見開きの状態で、左ページに文字、右ページに絵という順番になるようにフェルトを並べて重ねます。
右の図を見てくださいね。

⓫ 本の背をかがりましょう。私はいつも毛糸を針に通してあらいアップリケ風にかがりますが、リボンで綴じるなどいろいろなアイデアを駆使してください。

フェルトの本は柔らかくてほおずりしてみたくなるようなやさしさがありますね。初めての辞書を大切にしてください。

こんなふうに遊びの要素をふんだんにいれながら、「書く」ことに慣れていってほしいと思います。書くこともお遊びにしながら英語を学んでください。

✪ **Mini books を作ってみたくなるブックリスト：**
A Hole Is to Dig by Ruth Krauss & Maurice Sendak (Harpercollins Juvenile Books)
I Love Animals by Flora McDonnell (Candlewick Pr)
I Love Boats by Flora McDonnell (Walker Books)
Lucky Song by Vera B. Williams (Harpercollins Juvenile Books)
The Tale of Peter Rabbit by Beatrix Potter (Penguin USA)

VI お料理できるかな？ cooking

✓ 絵本に出てくるお菓子を作ってみよう

　英語のrecipe（作り方）を読みながら、子どもと一緒に料理を作りましょう。

　「混ぜるということを、こんなふうに英語で言うのね。」とか、「こんな材料や道具を使うのね。」と親子でいろいろな新しい発見ができて楽しいものです。

　また、cookingのお手伝いの中で、flour（粉）をカップ1杯、sugar（砂糖）を大さじ1杯などと子どもに量らせることにより、英語だけではなく、数学的なアプローチを生活の中で体験させることにもなります。

"The Funny Little Woman"

　アーリーン・モーセル（Arlene Mosel）によって再話された ***"The Funny Little Woman"*** は、1972年にカルデコット（Caldecott）賞を受賞しました。日本の昔話をアレンジしたものです。イラストは、ブレア・レント（Blair Lent）です。

　"Tee-he-he-he" と笑う日本のおばあさんがdumpling（お団子）を作っていたら、お団子がコロコロと転がって、穴から地下に落ちていってしまいました。お団子を追っていったおばあさんは、運悪く鬼にさらわれてしまいます。でも、お米がどんどん増えるという魔法のへらを鬼の館から失敬して、めでたく地上に戻り、魔法のへらでお団子を作り、大金持ちになるというお話です。この話は、日本では『だごだご　ころころ』（石黒なみ子・梶山俊夫作、福音館書店）という絵本になっていて、どちらも鳥取県に伝わる民話をもとにしたお話です。

　小太りの、丈の短い着物を着ている the funny little woman は、私自身に似ているような気がします。この話を読む時には、日本から持ってきた数少ない着物の1枚を着て、「お団子待て！」と日本語をところどころに入れながら読みます。子どもたちも大喜びです。日本の民族衣装である着物を目にするよい機会です。

　英語でお料理の勉強！　なんて大見得を切ってしまいましたが、まずはお団子

(dumpling) ならぬ、大福作りから始めましょうか。あっ、あなたの家に電子レンジはありますか。

Let's try! … daifuku（大福）を作ろう

（大福は、英語で a soft round rice cake stuffed with sweet bean jam となりますが、長くて難しいので、ここでは daifuku と呼びましょう。）

RECIPE ◀作り方

◎量るのは子どもの担当です。

必要な utensils（台所用品）：
one wooden spatula（木のへら）、one medium pan（中くらいのなべ1個）、one bowl（ボウル1つ）、oven（オーブン）

Ingredients（材料）

Sweet beans（あんこ）：

red beans（あずき）	one cup（1カップ）
brown sugar（黒砂糖）	one cup（1カップ）
salt（塩）	half teaspoon（小さじ半分）

Wrapping（大福の皮）：

sweet rice flour（餅粉）	one cup（1カップ）
sugar（砂糖）	one cup（1カップ）
water（水）	one cup（1カップ）
potato starch（片栗粉）	about half cup（1／2カップくらい）

How to make sweet beans（あんこの作り方）：

❶ Soak red beans overnight. あずきをボウルに入れてたっぷりと水を注ぎ、ひと晩水に浸しておきます。（子どもができる作業ですね。）

❷ Put the beans and water into the pan. あずきと水をお鍋に移します。
❸ Boil the red beans until they are nicely soft and tender. Add water several times. 時々水を加えながら、あずきが柔らかくなるまで煮てください。

❹ Stir with a wooden spatula from time to time. 木のへらで、時々かきまわしてくださいね。
❺ Boil beans until water is gone. 水がなくなるまで煮ます。
❻ Beans are ready if you can push them with fingers. Discard water. 指でつぶせるほどの柔らかさになったら、煮汁を捨てます。

❼ Add sugar and salt. 砂糖と塩を加えます。
ママも子どもも忙しそうだなあ。

How to make wrapping:（大福の皮の作り方）
❶ Mix sweet rice flour, water and sugar. 餅粉、水、砂糖を混ぜ合わせます。
❷ Cook them in the microwave oven for 3 minutes. 電子レンジに入れて3分間加熱してください。3分、とタイマーを押すのは子どもの仕事。
❸ Take them out from the oven and stir them well. 電子レンジから取り出してよくかき混ぜます。

❹ Put the mixture back in the microwave oven again. Cook another 3 minutes. 再び電子レンジに戻して、また3分間加熱します。電子レンジのタイマーのボタンを押すのは子どもの仕事。

❺ Take the mixture out from the oven and let it cool down. 火傷をしないようにちょっと冷ましましょう。

❻ Scoop one tablespoon of flour mixture.
大さじ1杯の大福の生地を手に取ります。
手に少し片栗粉をはたいてから、生地を
乗せるとよいでしょう。

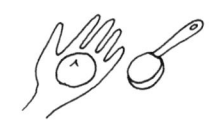

❼ Flat flour mixture with your hands. 手のひらで平らにします。

❽ Place the flour mixture on the potato starch.
片栗粉を広げた上に生地を乗せます。

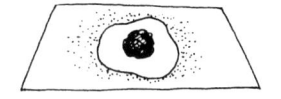

❾ Place the sweet beans in the center. あんこを真ん中に置きます。

❿ Pat and shape them like the Funny Little Woman did. The Funny Little Womanがやったようにあんこを包むように皮を閉じて手で丸めてください。お団子コロコロならぬ柔らかくて、おいしそうな大福コロコロができあがり。

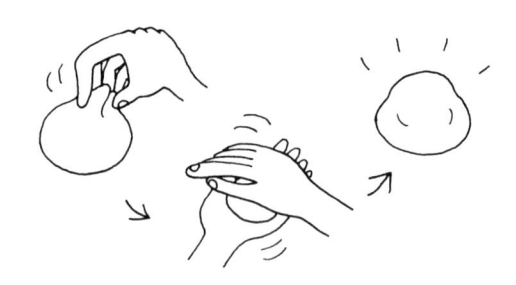

The Funny Little Womanは、どうやって鬼のところから逃げてきたのかしら？このお話は、日本では『だごだご　ころころ』って言うんですって、今度読んでみましょうね。などと話し合いながら、お団子ならぬ大福を召し上がってください。おいしくできましたか。The Funny Little Womanはお団子を作って大金持ちになりました。あなたが作った大福はどうかしら。

"If You Give a Moose a Muffin"

　次は、muffin（マフィン）を作りましょう。ニューメロフ（Numeroff）作 ***"If You Give a Moose a Muffin"*** は、***"If You Give a Mouse a Cookie"*** の続編です。Mouseに代わって親切な男の子をてんてこまいさせるのは、moose（へら鹿）です。Mooseはアメリカの絵本によく登場します。髪につけるムース、食べ物のムースなど、これらのムースはmousseと綴ります。フランス語から来ていますから、英語では思いつかない綴りですね。

　この本では、市販のすでにミックスされたmuffinの粉を使っているようですが、エイッと始めからお手製でいきましょうか。これを英語ではmake from scratchといいます。始めから全部自分の手で作るという意味です。

Let's try! …muffinを作ろう

RECIPE　◀作り方

必要なutensils（台所用品）：

muffin cups（カップケーキなどを焼く時に使うマフィン・カップ）

paper towel（ペーパー・タオル）

cooking oil（サラダオイルなどの料理用のオイル少々）

two bowls（ボウル2つ）

one wooden spatula（木のへら）

one small metal knife（小さな金属製のナイフ）

one fork（フォーク）

oven（オーブン）

> **Ingredients（材料）**
>
> egg（卵） ……………………………………… one（1個）
> milk（牛乳） …………………………………… three-fourth cup（3／4カップ）
> cooking oil（サラダオイル） ………………… one-third cup（1／3カップ）
> flour（小麦粉） ………………………………… one and three-fourth cup
> 　　　　　　　　　　　　　　　　　　　　　　（1と3／4カップ）
> sugar（砂糖） …………………………………… one-fourth cup（1／4カップ）
> baking powder（ベーキング・パウダー）…… two and half teaspoon
> 　　　　　　　　　　　　　　　　　　　　　　（小さじ2杯半）
> salt（塩） ………………………………………… three-fourth teaspoon（小さじ3／4）

❶ 焦げつきを防ぐために、ペーパー・タオルにオイルをつけてmuffin cupsの内側を拭いてください。これは子どもにできるpreparation、ご用意OKですね。

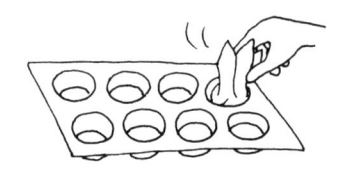

❷ ボウルに卵を割り入れ、フォークでよくかき回してください。MilkとcookingoilÍも入れ、よくかき混ぜます。「よくかき混ぜることをstir wellと言うのよ。」

❸ もうひとつのボウルに、flour（粉）、sugar（砂糖）、baking powder（ベーキング・パウダー）、salt（塩）を加えます。「Stir thoroughly.（よく、かき回してね。）」

❹ かき回したらwooden spatula（木のへら）を使って、ボウルの内側に押しつけて伸ばすようにします。

❺ そのmixture（混ぜ合わせ、こねたもの）に❷を加えてください。

❻ 全体がしっとりとするように、木のへらでかき回してください。粒状になってもご心配なく。Muffinですからtough heavy texture（粗っぽい生地）でよいのです。「Muffinはsmooth（なめらか）でなくても、いいんですって。」

❼ Mixtureをmuffin cupsに入れます。
カップの上部まで入れないようにしてください。
「ふくらむから、少なめに入れましょうね。」
と説明してあげてください。

❽ 200度に温めておいたオーブンで、20分か25分焼いてください。
「20分経ったら、ママに教えてね。長い針が4のところに来たら知らせてね。」と子どもに責任を持たせます。
その日の湿度や、土地の高さなどによっても出来具合が違ってきます。
「Golden brown（金色っぽい茶色）になってきたらオーブンから出すから、見ていてね。」
焼きすぎると、固くておいしくないので気をつけてください。

❾ 小さな金属製のナイフで、muffin cupとmuffinの間に隙間をあけてから、muffinを取り出してください。
Serve warm（温かいうちに召し上がってください）。

ブルーベリーのジャムでもつけて食べますか。バターでも何でもお好みのものをつけてください。計量からオーブンの温度のチェック、時計に注意をはらうなど、子どもにも大変な1日でした。でも、まだ終わりではありません。

　最後に大切なのは、dish washing（お皿洗い）、後片付けです。プラスチックのボウルや計量スプーン、木のへらなど割れないものは子どもに洗ってもらいましょう。洗ったら拭くのも子どものお仕事。ちょっと疲れたかな。

"Watch out for Chicken Feet in Your Soup"

　Muffinの次は、パン作りに挑戦しましょうか。最近はパンを焼けるなべが出回っているようですが、パンを焼くにはやはりオーブンが大活躍しますね。

　トミー・デ・パオラ（Tomie DePaola）作 *"Watch out for Chicken Feet in Your Soup"* には、イタリア系のデ・パオラのお祖母さんが焼いてくれた、パンのrecipeが最後のページに載っています。

　これはきっとデ・パオラが小さい頃に実際に起こった話なのでしょう。彼はイタリア系であるということから、イタリアの文化に深い愛着を持っています。ちょっと太りぎみのお料理好きなお祖母さんを描くデ・パオラのタッチに、愛情があふれていますね。

　子どもと一緒にお料理をする時には、事前に材料を全部量り、用意を整えておきましょう。かくいう私も、料理の途中で「あっ、卵がない！」とそそくさとお店に走って行ったりしますが、そのようなことは避けたいものです。

　Recipeを見ながら、子どもと一緒にチェックしましょう。「Ingredients（料理の

材料）は全部そろっているかしら。Utensils（台所用品）はどう？ Roller（めん棒）がいるって書いてあるわね。戸棚から出してきてくれる？」。子どもに計量スプーンやカップでingredientsを量ってもらいましょう。

パンを焼く時に注意していただきたいのは、古いdry yeast（イースト菌）を使わないことです。ふくらんでくれませんから、気をつけてください。

"*Watch out for Chicken Feet in Your Soup*" にrecipeが載っていますので、挑戦してみてください。

✓ Cookingの本いろいろ

アメリカの子どもたちは、食パンにpeanut butter and jelly（ピーナッツ・バターとゼリー）を塗って食べます。Jellyとは、ジャムにゼラチンを加えたもので、表面がなめらかになっています。

"*Peanut Butter and Jelly*"

ネィディン・バーナード・ウェストコット（Nadine Bernard Westcott）の "*Peanut Butter and Jelly*" は、パン種をこねることから始まって、peanut butter and jellyのサンドイッチができるまでの過程を書いた、play rhymeです。昔からある手遊びに、ウェストコットがアクションあふれるイラストを添えています。

ここでは、2度ずつ繰り返すことをrhymeと言っています。

Playという動作をつけるアクションに注目しましょう。最後のページには昔からの手遊びが載っています。私の息子は、小学校の頃この歌を習ってきて"Jelly, jelly"のところは、腰をふっていました。とてもおかしくて大笑いしたものです。「もう一度やってごらん！」なんてアンコール。私の友人にこのplay rhymeの事を話したら、彼女の娘さんも家族でキャンプに行った時にこの歌を何回か歌ってくれ、キャンプの長い夜の楽しい余興であったとか。

幼児が覚えやすいように、各ページのメインとなる単語が2回ずつ繰り返されて

いきます。

　パン種をこねる時には"Knead it, knead it."と子どもと一緒にパン種をこねる仕草を。ちょっと難しい単語ですね。パンができあがったら"Slice it, slice it."とパンを切るふりをして。Peanut butterをパンに塗る時には、"Spread it, spread it."とおおげさに塗る真似をすれば、子どもはspreadという単語をすぐ生活の中で使うのではないかしら。

　Knead（こねる）、spread（塗る）、squash（つぶす）、mash（すりつぶす）、crack（割りくだく）などのお料理用語がたくさん覚えられます。調子よくリズムをつければ、別に歌の節はいりません。ウェストコットのイラストをお手本にして、身体で単語を表現してみましょう。

　実際に料理を作らなくても、演じることでこれらの単語を幼児に覚えさせる、これがこの本のねらいです。

"Bread and Jam for Frances"

　ラッセル・ホーバン（Russell Hoban）作 **"Bread and Jam for Frances"** は、読み聞かせをしながら、アメリカの食文化に関する単語を自然に覚えられる、楽しい絵本です。

　主人公のフランシスは、パンにジャムをつけて食べるのが大好き。

　それはよいのですが、他のものを食べようとしません。それならとフランシスのママはbread and jam（ジャムつきパン）のお弁当しか作らないことを決意します。皆がおいしそうに食べているspaghetti and meatballs（スパゲッテイ・ミート

ボール）の夕食の時にも、フランシスにはジャムつきパンしか与えませんでした。すっかりジャムとパンに飽きたフランシスは、何でも食べるようになりましたというお話です。

　好き嫌いの多い子どもの食生活を、いかにして是正したかというママの愛情あふれる知恵の本でもあります。

　この絵本では、veal cutlets（子牛のカツ）にstring beans（いんげん）そしてbaked potato（オーブンで焼いたじゃがいも）、それに加えてフランシスの友だち、アルバートのランチとして登場するライ麦のパンにクリーム・チーズとトマトのサンドイッチなどアメリカの食文化が次々と紹介されます。

　「Cutletsは、とんかつと同じようなものね。カツレツという日本語は英語からきたのかしら。お家ではvealではなく、porkね。Albertが食べているクリーム・チーズとトマトのサンドイッチもおいしそうね。今度お昼に作ってみましょうか。」などという会話を楽しむうちに、材料を英語で言えるようになります。

　アメリカの子どもたちは、給食を買う者もいれば、お弁当を持ってくる者もいる、といろいろです。ただし私が勤める学校は、低所得者の居住地域にあるので、給食は全生徒に無料支給されます。

"Blueberries for Sal"

　ロバート・マックロスキー（Robert McCloskey）作 **"Blueberries for Sal"** は、1948年に出版され、カルデコット（Caldecott）賞を受けたクラシックです。

　表紙をめくると、年代物の石炭ストーブの上におなべが置いてあります。Blueberriesをジャムにするために煮ているのでしょう。ママはできあがったジャムを密封しています。Salという女の子は、びんを密封するために使うゴムの輪をしゃもじに通して遊んでいます。まだ働きに出るママが少なかった昔のことです、手作りのジャムを家で作るママが多かったのですね。

　山にblueberriesを採りに行ったら、Salはクマのお母さんの後に、クマの子はSalのお母さんについてblueberryを摘むという微笑ましいお話です。

ママは山に行くというのに、スカートをはいています。今ならスニーカーにスラックスでしょう。ところでアメリカではスラックスのことを通常pants（パンツ）と言います。下着のことではありませんから気をつけてくださいね。

　Salとママがtin can（ブリキのバケツ）を持ってblueberry摘みにでかけ、Salがblueberryを入れるとkuplink, kuplank, kuplunkという音がします。ポトン、ポチン、ポッという響きのよい造語です。耳もとに聞こえてきそうなくらい、よい響きですね。

　Hustleという単語も数回繰り返して出てきました。このhustleは「急いでする」という意味ですが、スポーツの試合を観ているとご贔屓(ひいき)のチームに"Hustle, hustle!"と叫んでいるのをよく聞きます。「急げ、がんばれ、早く点を入れろ！」という意味を込めています。

　また、ここで使われているshyは、恥ずかしいという意味ではなく、用心深いという意味です。でも、shyというのは元をたどれば、用心深いから恥ずかしいと言うことになるのでしょうか。調べてみるとおもしろいですね。

　ごくりと飲みこんでしまった時にはgulp.「あらあら、まあ！」と驚いた時に使う表現は、"My Goodness." Munchingはむしゃむしゃと食べること。Tramp alongはどしんどしんと歩くで、walkとちょっと意味が違います。でも、trampもwalkのどちらもalongを伴います。Tramp alongにwalk alongです。

　クマのお母さんがおどろいて"Garumpf!" これは作者の造語です。Clump of bushesと言ったら、やぶの木立ち、やぶがいっぱいあることです、子グマがお母さんを探しているページのイラストを見ると、やぶがそこここにありますね。そんな状況です。イラストが説明してくれていますから、イラストをしっかりと見る練習もしてください。

　幼児が、スラスラと文章をすぐに読めるようにするためには、Random HouseやPenguin USAから出版されている、Puffin Easy-To-Readシリーズのレベル１に収められているものがよいでしょう。あるいは１ページに英語の文が１行か、２行

しかない絵本ですね。また、親と子が一緒に reading together を楽しむには、もう少しお話に筋があるようなもの、と目的に応じて本を選択して、使い分けてくださいね。

✪ **Cookingにもってこいのブックリスト：**
Bread and Jam for Frances by Russell Hoban & Lillian Hoban (Harpercollins Juvenile Books)
Blueberries for Sal by Robert McCloskey (Penguin USA)
The Funny Little Woman by Arlene Mosel & Blaire Lent (Penguin USA)
If You Give a Moose a Muffin by Laura Numeroff (Harpercollins Juvenile Books)
Peanut Butter and Jelly - A Play Rhyme by Nadine Bernard Westcott (Penguin USA)
Watch out for the Chicken Feet in Your Soup by Tomie De Paola (Simon & Schuster)

✪ **ここでは使わなかったけれどお料理のカリキュラムによく使う本：**
Chicken Soup with Rice : A Book of Months by Maurice Sendak (Harpercollins Juvenile Books)
Green Eggs and Ham by Dr. Seuss (Random House Childrens Pub)
Pancakes, Pancakes! by Eric Carl (Simon & Schuster)

● 身近になった英語の本

英語の絵本は高いという概念をまず捨てましょう！

www.amazon.co.jpで買えば驚くべき安さ

　洋書は高い、という概念をまず捨ててください。韓国では一軒に一台はあると言われるコンピューターが、日本でもすっかり普及してきました。インターネットでhttp://www.amazon.co.jpというアドレスを入力すると、洋書を安価で購入できるウェブサイトにたどり着くことができます。

　クレジット・カードのナンバーを教えるのは危ない、とお思いになる方は代金引き換えで購入できます。その際、代引き手数料がかかりますが、その料金を払っても安いamazon.co.jpでのお買い物です。インターネットで買える便利さは何と言っても家にいながらにして、ショッピングできるということでしょう。小さいお子さんがいらっしゃる主婦には、願ってもない手段だと思います。

　Amazon.co.jpで英語の本が安く買える理由は、日本で出版された新刊本は、全国どの書店でも同じ価格、という制度があるのですが、アメリカで発売された本に関してはその制度があてはまらないからです。インターネットで買うアマゾンの本が安いのは、そんな業界の事情によります。

ペーパーバックならほとんど1000円以内

　市販されている絵本には、ハードカバー（上製）のものや、ペーパーバック（並製）のもの、カセット付きのもの、厚紙でできているボードブックなどいろいろな形態があります。本書ではamazon.co.jpで買える一番安い形態のものを発行している出版社の名を各回の最後にご紹介しておきましたので、参考にしてください。多くの英語の絵本が、ペーパーバックなら1000円以下で購入できます。発送はほとんどの場合24時間以内。1500円以上購入すれば送料は無料のようです。（2003年2月現在。代引き手数料は別途かかります。また、取り寄せに2週間くらいかかるも

のもあります。）日本の絵本より安いくらいですね。

ペーパーバックでじゅうぶん
　普段頻繁(ひんぱん)に使う絵本は、ペーパーバックでよいのではないでしょうか。その方が金額が安いのでいろいろな本が揃えられます。でも、本当に好きな本、そして、お誕生日やクリスマスのプレゼントなどの特別な意味をもったものなら、ハードカバーにするのはいかがでしょう。アメリカでは子どもが生まれる前に、友人、同僚が集まって、baby shower（ベイビー・シャワー）というパーティーを未来のママに捧(ささ)げます。赤ちゃんが生まれてくる時には何から何まで揃えなければならず、経済的にも大変な時です。これは私たちからのささやかなプレゼントです、という意味をこめてプレゼントをシャワーのように浴びせかけるのです。私はそんな時、いろいろなペーパーバックスを揃えてプレゼントします。*"Goodnight Moon"* や*"The Very Hungry Caterpillar"* などの絵本の名作をいろいろです。時には布でできた柔らかい本も赤ちゃんに気持ちがよいのではないかと、フェルトの本を作ったりします。*"Mother Goose"* などが喜ばれますね。

丸善、紀伊國屋、横浜の有隣堂ランドマーク店にも豊富な洋書
　本はやっぱり書店で手にとってみたい、という方は丸善、紀伊國屋書店などに洋書が揃っています。そして横浜のランドマークタワーにある有隣堂には、国際会議にやってくる外国人が近くのホテルから足を運んでくるので、洋書や外国の絵本の品揃えにも心配りが見られます。東京・表参道のクレヨンハウスにも置いてあるようですね。長野県松本市の"ちいさいおうち"書店にはたくさんの英語の絵本が揃っています。地方の児童書専門店でもこれからどんどん英語の本を取り入れるよう

です。最寄りの本屋さんで洋書を取り寄せてもらうことも、もちろんできます。

　丸善のバーゲンブックコーナーで、よい英語の絵本が見つかるかもしれません。毎年春にお台場で開かれる東京国際ブックフェアにも行ってみましょう。ここでも洋書が安く手に入るようです。でも入場料を取られることを承知しておいてくださいね。ご近所のお友だちと本を交換してはいかがでしょうか。かなり前のことですが、私の図書室で本を交換する日を設けたことがあります。読んでしまった本を他の友だちと交換するという行事です。中に落書きをしていない本、表紙が破れていない本と、規定を設けています。

　東京都中野区の東京子ども図書館にもたくさん洋書が揃っていて楽しいですよ。英語の本は公立図書館には今のところあまり揃っていないようですが、上野公園の国際子ども図書館には、英語の絵本があります。こうした事情も時代の流れ、そして需要の変化と共に移り変わっていくことでしょう。

　私の住むアルバカーキー市の図書館では、古本を安く売る日というのがあります。これは図書館に寄付された本を売るのです。日本でもだんだんとそういう機会が増えるのではないでしょうか。英語の絵本を安く手に入れる方法をいろいろと考えてみましょう。同じ年頃の子どもを持つ方と本を交換、あるいは英語の絵本を安く手に入れる情報を交換、それを通して子ども同士が友だちになるようなネットワークを作っていってはいかがでしょうか。同じ志を持つ者の集いは、いつも強いきずなで結ばれます。

　Good luck to you!　Let's learn English through picture books.

参考文献一覧

Anna Banana-101 Jump-Rope Rhymes	Joanna Cole & Alan Tiegreen (HarperCollins Publishers)
Anno's Counting Book	Mitsumasa Anno (HarperCollins Publishers)
Best Mother Goose Ever	Richard Scarry (Random House, Inc)
Blueberries for Sal	Robert McCloskey (Penguin Putnam Inc.)
Bread and Jam for Frances	Russell Hoban & Lillian Hoban (HarperCollins Publishers)
Brown Bear, Brown Bear, What Do You See?	Bill Martin & Eric Carle (Henry Holt & Company. Inc.)
Chicken Soup with Rice-a Book of Months	Maurice Sendak (HarperCollins Publishers)
Clap Your Hands	Lorinda Bryan Cauley (Penguin Putnam Inc.)
Cock-A-Doodle-Doo! What does it sound like to you?	Marc Robinson & Steve Jenkins (Stewart, Tabori & Chang)
Color Dance	Ann Jonas (HarperCollins Publishers)
A Color of His Own	Leo Lionni (Random House, Inc.)
The Cow That Went OINK	Bernard Most (Harcourt Inc.)
Curious George	H. A. & Margret Rey (Houghton Mifflin Company)
Dinosaur Days	Linda Manning (Troll Assoc Inc.)
Do You Want to Be My Friend?	Eric Carl (HarperCollins Publishers)

Each Peach Pear Plum	Janet & Allan Ahlberg (Penguin Putnam Inc.)
Eating the Alphabet:Fruits and Vegetables from A to Z	Lois Ehlert (Harcourt, Inc.)
The Eentsy, Weentsy Spider	Joanna Cole & Stephanie Calmenson (HarperCollins Publishers)
Eyes, Nose, Fingers and Toes- A First Book all About You	Judy Hindley & Brita Granstrom (Candlewick Press)
The Father Who Had Ten Children	Benedicte Guettier (Penguin Putnam Inc.)
Five Little Monkeys Jumping on the Bed	Eileen Christelow (Houghton Mifflin Company)
From Head to Toe	Eric Carle (HarperCollins Publishers)
The Funny Little Woman	Arlene Mosel (Penguin Putnam Inc.)
Gingerbread Baby	Jan Brett (Penguin Putnam Inc.)
Goodnight Moon	Margaret Wise Brown & Clement Hurd (HarperCollins Publishers)
Green Eggs and Ham	Dr. Seuss (Random House)
Guess Who's in the Jungle	Naomi Russell (Candlewick Press)
Hand Rhymes	Marc Brown (Penguin Putnam Inc.)
Harold and the Purple Crayon	Crockett Johnson (HarperCollins Publishers)
Have You Seen My Cat?	Eric Carle (Picture Book Studio Ltd.)
Have You Seen My Duckling?	Nancy Tafuri (HarperCollins Publishers)
Heckedy Peg	Audrey & Don Wood (Harcourt, Inc.)
A Hole Is to Dig	Ruth Krauss & Maurice Sendak (HarperCollins Publishers)
Hop on Pop	Dr. Seuss (Random House Inc.)
If You Give a Mouse a Cookie	Laura Joffe Numeroff & Felicia Bond (HarperCollins Publishers)
If You Give a Moose a Muffin	Laura Joffe Numeroff & Felicia Bond (HarperCollins Publishers)

If You Give a Pig a Pancake	Laura Joffe Numeroff & Felicia Bond (HarperCollins Publishers)
If You Take a Mouse to School	Laura Joffe Numeroff & Felicia Bond (HarperCollins Publishers)
If You Take a Mouse to the Movies	Laura Joffe Numeroff & Felicia Bond (HarperCollins Publishers)
I Like Me!	Nancy Carlson (Penguin Putnam Inc.)
I Love Animals	Flora McDonnel (Candlewick Press)
I Love Boats	Flora McDonnell (Candlewick Press)
I Went Walking	Sue Williams (Harcourt, Inc)
Is It Red? Is It Yellow? Is It Blue?	Tana Hoban (HarperCollins Publishers)
Is Your Mama a Llama?	Deborah Guarino & Steven Kellogg (Scholastic Inc.)
It Looked Like Spilt Milk	Charles G. Shaw (HarperCollins Publishers)
The Itsy Bitsy Spider	Iza Trapani (Charlesbridge Publishing)
Jamberry	Bruce Degen (HarperCollins Publishers)
James Marshall's Mother Goose	James Marshall (Farrar Straus Giroux)
Jennie's Hat	Ezra Jack Keats (Penguin Putnam Inc.)
Joseph Had a Little Overcoat	Simms Taback (Penguin Putnam Inc.)
Jump, Frog, Jump!	Robert Kalan & Byron Barton (HarperCollins Publishers)
Little Blue and Little Yellow :A Story for Pippo and Other Children	Leo Lionni (Ivan Obolensky Inc.)
Little Pink Pig	Pat Hutchins (HarperCollins Publishers)
The Little Red Hen	Paul Galdone (Houghton Mifflin Company)
Little Red Riding Hood	Harriet Ziefert & Emily Bolam (Penguin Putnam Inc.)
Lucky Song	Vera B. Williams (HarperCollins Publishers)

Mary Wore Her Red Dress and Henry Wore His Green Sneakers	Merle Peek (Houghton Mifflin Company)
May I Bring a Friend?	Beatrice Schenk de Regniers & Beni Montresor (Simon & Schuster)
Moo Moo, Brown Cow	Jakki Wood & Rog Bonner (Harcourt, Inc.)
Mouse Paint	Ellen Stoll Walsh (Harcourt, Inc.)
My Five Senses	Aliki (HarperCollins Publishers)
No, David!	David Shannon (Scholastic Inc.)
Olivia	Ian Falconer (Simon & Schuster)
1 hunter	Pat Hutchins (William Morrow & Company, Inc.)
One Lighthouse One Moon	Anita Lobel (HarperCollins Publishers)
Pancakes, Pancakes	Eric Carl (Scholastic Inc.)
Peanut Butter and Jelly	Nadine Bernard Westcott (Penguin Putnam Inc.)
Peepholes: Guess Where I Live	Anni Axworthy (Candlewick Press)
Piggies	Audrey & Don Wood (Harcourt, Inc.)
Planting a Rainbow	Lois Ehlert (Harcourt, Inc.)
Playtime Rhymes (DK Read & Listen)	Priscilla Lamont (Dorling Kindersley Limited.)
Polar Bear, Polar Bear, What Do You Hear?	Bill Martin Jr. & Eric Carle (Henry Holt and Company, Inc.)
The Polar Express	Chris Van Allsburg (Houghton Mifflin Company)
The Real Mother Goose	Blanche Fisher Wright (Scholastic Inc.)
Red is Best	Kathy Stinson & Robin Baird Lewis (Firefly Books)
Red Leaf, Yellow Leaf	Lois Ehlert (Harcourt, Inc.)
Roll Over! : a Counting Song	Merle Peek (Houghton Mifflin Company)

The Rooster Crows: *A Book of American Rhymes and Jingles*	Maud & Miska Petersham (Simon & Schuster)
See the Yak Yak	Charles Ghigna & Brian Lies (Random House, Inc.)
The Snowy Day	Ezra Jack Keats (Penguin Putnam Inc.)
SO BIG!	Dan Yaccarino (HarperCollins Publishers)
The Tale of Peter Rabbit	Beatrix Potter (Penguin Putnam Inc.)
Ten Apples Up On Top!	Dr. Seuss (Random House, Inc)
Ten, Nine, Eight	Molly Bang (HarperCollins Publishers)
There's a Nightmare in My Closet	Mercer Mayer (Penguin Putnam Inc.)
This Old Man	Carol Jones (Houghton Mifflin)
The Three Little Pigs	James Marshall (Penguin Putnam Inc.)
The Three Pigs	David Wiesner (Houghton Mifflin Company)
Twinkle, Twinkle, Little Star	Iza Trapani (Charlesbridge Publishing)
The Very Busy Spider	Eric Carle (Penguin Putnam Inc.)
The Very Hungry Caterpillar	Eric Carle (Penguin Putnam Inc.)
Walt Disney's Cinderella: Cinderella's Countdown to the Ball	Heidi Kilgras (Random House, Inc)
Watch out for the Chicken Feet in Your Soup	Tomie DePaola (Simon & Shuster)
The Wheels on the Bus A Musical Pop-up	Rosanne Litzinger & Renee Jablow (The Millbrook Press, Inc.)
Where Does the Butterfly Go When It Rains?	May Garelick & Nicholas Wilton (Mondo Publishing)
Where the Wild Things Are	Maurice Sendak (HarperCollins Publishers)
Who's Counting?	Nancy Tafuri (HarperCollins Publishers)

リーパー・すみ子

成城大学文芸学部国文科卒業。
外国商社に勤務し、米国人秘書を務める。
コピーライターとしての業務を経験後、米国留学。
アイオワ州立大学大学院ジャーナリズム学部修士課程を修了後、ニューメキシコ大学教育学部で図書館学コースを修得。1983年ニューメキシコ州教員免許を取得し、ニューメキシコ州アルバカーキー市の公立小学校に図書館司書として勤務。ここ数年夏休みを利用して来日、書店や図書館などで洋書絵本の読み聞かせ講演を行っている。
著書『ライブラリアン奮闘記』（径書房・1996年）

えほんで楽しむ
英語の世界
2003年5月3日　第1版第1刷発行
2024年7月1日　第1版第4刷発行

著者　　　　リーパー・すみ子
装画・挿絵　九重 加奈子
ブックデザイン　　　アチワデザイン室　五味 朋代
組版　　　　一企画
発行者　　　米山 傑
発行所　　　株式会社　一声社
　　　　　　東京都葛飾区東水元2－13－1
　　　　　　TEL　03－6676－2179
　　　　　　FAX　03－6326－8150
　　　　　　郵便振替　00170－3－187618
　　　　　　https://www.isseisha.net/

印刷　　　　株式会社新協

ISBN978－4－87077－175－8
©Sumiko Leeper 2003

一声社の本

おはなしおばさんシリーズ⑤
世界のおはなし　むかーしむかし
藤田浩子編著／Ａ５変型判・80頁・本体1100円＋税
ストーリーテリングの本場・アメリカのお話を英語原文付録付で紹介。ピザハットにマクドナルドの踊り、英語の手話付歌、子どもが参加するお話等、幼児も楽しめる解説付楽しいお話集。

英語と日本語で語る
フランと浩子おはなしの本　第２集
フラン・ストーリングス編著／Ａ５変型判・80頁・本体1300円＋税
アメリカの子どもたちが聞いているお話を日本語・英語対訳で紹介。「カメは綱引きでカバに勝てるか？」「雄鶏とサルタン」等楽しいお話満載。著者が録音した英語ＣＤ（別売）も大好評。

論理的に考える力を引き出す
親子でできるコミュニケーション・スキルのトレーニング
三森ゆりか著／Ａ５判・240頁・本体1500円＋税
各紙で書評紹介。論理的に考え話す力を幼い頃から正しく伸ばそう。簡単な問答ゲームから複雑なトレーニングまで、家庭で楽しみながらできるコツを言語技術教育のプロが紹介。

論理的に考える力を引き出す　２
絵本で育てる情報分析力
三森ゆりか著／Ｂ５判・240頁・本体2200円＋税
絵や絵本の分析は、情報分析力・予測能力・批判的思考力を育てる。付録のカラー口絵を使い絵の分析手法・ポイントを具体的に解説。絵本『手のなかのすずめ』（小社刊）の分析例も掲載。

こどもといっしょに　たのしくさんすう
考える力を引き出す学習法—小学１〜３年編・小学４〜６年編
渡辺恵津子著／Ａ５判／１〜３年・176頁・本体1350円＋税／４〜６年・240頁・本体1500円＋税
解法の暗記と反復練習だけでは論理的な思考力は身につかない。子どもの素朴な疑問・間違いから出発し子ども自身が討論の中で正解を見つけていく—生きる力をつける本当の算数学習。

一声社の本

読み聞かせ わくわくハンドブック
家庭から学校まで

代田知子著／Ａ５変型判・128頁・本体1200円＋税

待望の読み聞かせHow-to本。「読み聞かせをしてみたい」「子どもが聞いてくれない」…様々な疑問に答える本。本の選び方・本の持ち方・子どもの座らせ方等すぐに役立つ情報満載。

お話とあそぼう
楽しいお話集と聞き手も参加できる語りのガイド

末吉正子編著／Ａ５変型判・128頁・本体1300円＋税

一緒にかけ声をかけたり手をあげたり同じポーズをしたり…全身でお話の世界を満喫してもらいたい。初心者でも指導できる楽しい「参加型お話」を動作の丁寧な解説付で紹介。

おはなしおばさんシリーズ　全６巻

藤田浩子編著／Ａ５変型判・各80頁・各本体1100円＋税

①くるりんふしぎことば（言葉遊び）②ふれあいあそびギュッ（ふれあいあそび）③詩でダンスダンス（詩で遊ぶ）④こっちむいておはなしおもちゃ（お話小道具）⑤世界のおはなしむかーしむかし⑥きいてきいておはなし会（年齢別お話会プログラム例）

語りのＣＤ付
ことばが育てる　いのちと心

櫻井美紀著／四六判上製・232頁・本体2000円＋税

言葉を通して子どもを健やかに育てたい―子育てにおける言葉の意味と実際の使い方がわかる。子育ての楽しさ・ポイントをやさしく伝える。語り手たちの会会長の著者録音・昔話ＣＤ付。

絵本
手のなかのすずめ

アンネゲルト＝フックスフーバー作・三森（さんもり）ゆりか＆おつきゆきえ訳／24×25㎝・28頁・本体1400円＋税

少年の不安と成長を描いた名作、ついに復刻。大人や雑踏が小さな少年の目線で丁寧に描かれ、読むたびに新しい発見がある、絵の分析・絵本を読む楽しさを満喫できる絵本。